Todos los libros de Linkgua Ediciones cuentan con modelos de Inteligencia Artificial entrenados por hispanistas. Pregúntale al chat de tu libro lo que desees acerca de la obra o su autor/a.

Para ebooks: Accede a nuestro modelo de IA a través de este enlace.

Para libros impresos: Escanea el código QR de la portada con tu dispositivo móvil.

Obtén análisis detallados de nuestros libros, resúmenes, respuestas a tus preguntas y accede a nuestras ediciones críticas generativas para una experiencia de lectura más enriquecedora.
La transparencia y el respeto hacia la autoría de las fuentes utilizadas son distintivos básicos de nuestro proyecto. Por ello, las respuestas ofrecen, mediante un sistema de citas, las fuentes con las que han sido elaboradas.

Gonzalo de Balsalobre

Relación auténtica de las idolatrías

Edición de Francisco del Paso y Troncoso

Barcelona 2024
Linkgua-ediciones.com

Créditos

Título original: Relación auténtica de las idolatrías.

© 2024, Red ediciones S.L.

email: info@linkgua.com

Diseño de la colección: Michel Mallard.

ISBN rústica ilustrada: 978-84-9816-906-5.
ISBN tapa dura: 978-84-1126-669-7.
ISBN ebook: 978-84-9897-813-1.

Sumario

Relación auténtica de las idolatrías es una crónica de la evangelización de los indígenas, escrita por el sacerdote cristiano Gonzalo de Balsalobre, que refiere varios juicios contra practicantes de religiones aborígenes de México.

Hanse cocluido, y sentenciado algunas caussas contra los reos siguientes: I. Contra Melchior López, Indio natural del pueblo de S. Francisco, sugeto a la cabecera de Zola, por aver consultado a Diego Luis, Maestro en idolatrías, y sortilegios, creícolo, y executado sus órdenes, y recivido del susodicho un quaderno manuescrito desta enseñança, teniéndolo en su poder más tiempo de diez y nueve años, y usado del dicho quaderno en algunos artículos en que fue convicto, y está confesso, y penitente.

Licencia del virrey

Don Francisco Fernández de la cueva, duque de Alburquerque, marqués de Cuellar, y de Cadereita, conde de Ledes-
ma, y de Guelma, señor de las Villas de Mombeltrán, y de
la codosera, gentilhombre de la cámara de su magestad, su
capitán general de las galeras de España, y virrey lugarte-
niente, governador, y capitán general desta nueva España, y
presidente de la Audiencia Real della. &c.

Por quanto Diego de Sereceda, en nombre del Señor M. D.
Fray Diego de Hevia y Valdés, Obispo de Oaxaca, me hizo
relación que le remitió los Papeles, y Recaudos, de que hizo
demostración con la devida solemnidad, en que se contenían
una Relación de las Idolatrías, Supersticiones y Sortilegios,
que generalmente corrían en aquel Obispado, hecha por el
Licenciado Gonzalo de Balselogre, Beneficiado del Partido
de Zola. Y una instrucción hecha por el dicho Señor Obispo,
para que los Curas, y Doctrineros de su Obispado, guarden
y observen el modo de castigar semejantes delictos.

Y por ser causa tan del servicio de ambas Magestades, y
conveniente que dicha Relación, e Instrucción se lleve a la
estampa, para que generalmente corriese, que con lo uno, y
otro, se extirpen tan graves daños, y se castigasen semejantes
delictos; y Dios Nuestro Señor fuese servido, y exaltada su
santa Fe Católica, de los Indios, y sean encaminados a su
salvación, y el Rey nuestro Señor fuese servido:

Me suplicó, que aviendo por exividos, dichos recaudos,
mandase concederle licencia para que se imprimiese, y se
puedan distribuir, en las partes y lugares que convenga de
todo el dicho Obispado.

De que mandé dar vista al señor Fiscal Doctor don Luis de
Mendoza, Cataño y Aragón: que dio esta respuesta. «Exce-

llentísimo Señor. El Fiscal de su Magestad dice: Que no halla
inconveniente en que V. Excelencia se sirva de dar licencia
para que se imprima esta Relación, de lo actuado y determi-
nando cerca de Idolatrías, herrores, y supersticiones de algunos Naturales en el Obispado de Oaxaca; antes utilidad,
porque corriendo públicamente, los demás Prelados se alen-
tarán, y no descaecerán de lo mesmo, procurando la total extirpación de semejante contagio, tan encargada y castigada
por todos derechos, porque detrahe a la dignidad de Christo
N. Señor, y se opone derechamente a la Religión Christiana,
y al culto que la criatura deve al Criador, dándole como a
Deidad a criaturas hechuras del Criador:

Y los naturales con el castigo ejecutado, y apersevido con
la reinsidencia, se abstendrán, y reformarán de semejantes
supersticiosos excesos, sabiendo lo que deven declinar, y se-
guir; y las justicias tendrán entendido el apoyo que en V.
Excelencia, y en la Real Audiencia, tiene el castigo, y su obligación a cooperar en él, dando el favor, y ayuda que se le
pidiere, y las penas que de lo contrario se les imponen:

Y que en quanto a la licencia para la impresión del otro
Recaudo, modo de enjuiciar en estas causas en aquel Obispado, no hay necesidad de pedirla porque el Señor Obispo le
puede hacer imprimir, como un Abogado una información
en Derecho: mayormente quando sus subsesores no han de
estar ligados a él, sino procederán en el formar los procesos,
y en las penas conforme a derecho, y al Concilio Mexicano,
según la exigencia de los casos, en la ocurrencia dellos.

México, 22 de febrero, de 1656 años. Don Luis de Mendoza». A que probei se llebase al Real Acuerdo, para verlo
con los Señores Oidores. Después de lo qual el dicho Diego
de Sereceda, en nombre del dicho Señor Obispo, exivió una

Carta Pastoral del dicho Señor Obispo, para los Curas de su Obispado, así Regulares, como Seculares:

Y dos Relaziones de nuebas supersticiones, que los Indios de aquel Obispado cometían, y otras indecencias en las Iglesias; y me suplicó se juntasen con los primeros recaudos, y mandase concederle licencia para que se impriman unos, y otros.

Y por mi visto, en conformidad de la respuesta incerta del Señor Fiscal, por el presente concedo licencia a la parte del dicho Señor Obispo, para que haga esta impresión, que se ha de entender para dentro de aquel Obispado, y no más, y para los Curas Regulares, en quanto al ministerio de Curas tan solamente, sin que dello excedan. México, y Octubre 12 de 1656.

EL DUQUE DE ALBURQUERQUE.

Por mandado de su Excelencia.
Don Pedro Velázquez de la Cadena.

†

J H S

A los venerables curas

SALUD EN EL SEÑOR.

DIEGO INDIGNO OBISPO SUYO.

El cargo de nuestro Pastoral oficio, que Dios fue servido de poner sobre nuestros déviles hombros, nos está continuamente acordando, para el mérito la vigilancia, y para la pena la negligencia, y que no puedan las más precisas obligaciones temporales, justificar el olvido de las eternas; porque en esto transitorio nos puso Dios a los Prelados para que usemos dello, como medio que conduce a aquel inefable fin, a quien devemos dirigir todos nuestros deseos, sin cesar un punto en promover a lo divino; porque no se nos pasará en quenta la fatiga de nuestros ejercicios, la solicitud de nuestros cuidados, ni el desvelo de nuestras ocupaciones, sino usamos dellas en orden al fin a que Dios, eterno Padre, y Pastor, se dignó destinarnos, y elegirnos.

Llena está la Sagrada Escriptura del cuidado que devemos poner en velar; y de los daños que nos puede causar el dormir; Christo Nuestro Señor nos lo enseñó en diferentes ocasiones; ya en la Parábola del ladrón, que escala la casa a media noche; ya en las Vírgenes, que esperan al esposo; ya en los siervos, que aguardan a su Señor; porque qualquiera cuerdo, y temeroso de Dios deve desvelarse en ir cada día aprovechando en su profesión, para que al fin de la carrera desta vida, no le diga el Señor lo que a los Hebreos: «Quando, aviades de ser Maestros, tenéis necesidad de que os enseñen los primeros rudimentos».

De aquí se saca, que aunque todos tienen obligación de velar, es más precisa sin comparación en los Ministros de Dios, a quien les encomendó el velar sobre su rebaño, y su mies.

Dejó el Salvador del mundo la Oración en el Huerto, y visitando a los tres discípulos con quien se avía retirado, a solo San Pedro le dijo: Simon dormis? Pedro duermes? como si le dijera, que los demás del rebaño duerman, peligrosa cosa es, pero que el Prelado duerma peligrosísima; que no velen las ovejas cosa tolerable es, pero que el Pastor no esté en vela, cosa es intolerable, y lamentable!

Ejemplo es desta verdad el suceso que refiere San Lucas quando Christo luz nuestra, se durmió navegando, que entonces padeció tempestad la Navecilla; porque quando la cabeza derme, todo el cuerpo de la República peligra: Pastores vigilant (dijo San Ambrosio) quos bonus Pastor informat.

Esta fue la causa (Señores) para que después de tan largo, y trabajoso camino como es desde el Obispado de Guadiana, a este de Oaxaca en que Dios, aunque indigno me ha puesto, me partiese a la Visita, abrazando aunque miserable, y flaco otro más trabajoso, y largo camino; porque no me pareció que cumplía con la obligación de mi estado, ni con la vigilancia, y celo de Padre, y Pastor, si yo mismo, arresgando la vida en tantos peligros, en tan arduas, y difíciles sendas, no iba a reconocer la dolencia de mis ovejas, para aplicarlas la más conveniente medicina, por aver oído luego que entré en el Obispado, tan lamentables ruinas de lo Católico en tanta idolatría, que oculta cunde como veneno en los corazones de los Naturales, brotando renuevos aquella primera infestada raíz, con que oprimida gime tristemente la Religión Sagrada.

Corrí la tierra, y en espacio de más 700 leguas que andube, fui descubriendo siempre mayores abominaciones, y miserias, dignas de llorar eternamente; no obstante el celo, y fervor que reconocí en tantos Ministros doctos, y píos; no obstante tantas Iglesias erigidas; tantas Doctrinas fundadas; tantos Predicadores Apostólicos, así del Clero, como de lo Regular, que parece pude dezir lo de Ezechiel: Fili hominis fode parietem, & inuenies abominationes maiores. O con Salomón en los proverbios: Super agrum hominis pigri transiui. Pasé por el camino, o campo del perezoso en la ley, y todo era espinas, y yervas malas.

El desconsuelo de mi corazón fue grande, y considerando la heredad Católica con tanta zizaña: Encargándomela Dios, y siendo yo tan tibio, y remiso a lo bueno; tan inútil en la observación, y establecimientos de sus leyes; bien que con su divino auxilio para que no cundiese más tan mortal veneno crié especiales Ministros contra los idólatras; fulminé y concluí muchas causas, que puse en manos del Excelentísimo Señor Duque de Alburquerque, don Francisco Fernández de la Cueva, dignísimo Virrey desta Nueva España, que patrocinó su religiosísimo, y Católico celo; y asimismo la christiandad, y rectitud de tan fieles, y píos Ministros, y Señores Togados como tiene su Magestad en su Audiencia; mereciendo estas causas su calor, fomento, aprobación, y calificación:

De las quales me pareció conveniente imprimir algunas, para que sirvan de ejemplar a los no prácticos, y se pongan en ejecución por este medio las diligencias posibles para extirpar este contagioso césped no cunda la semilla de la falsa doctrina; este cáncer perjudicial, que procura atraer la parte sana del hombre, que ciego se deja llevar de las novedades que artificioso introduce el Demonio, para ruina del linage humano; por que de verdad donde falta Dios, y su verdadero, culto, cae, y se desvanece el hombre:

Y así Señores evitemos esta peste de la idolatría, y demás supersticiones como último mal; conspiremos a su extirpación, con todos los fervores, y esfuerzos; acordándonos que quando fue destruida Iesusalem de los Babilonios, y Asirios, fue por este pecado, llegando a punto que mofavan de los Profetas, con que indignado Dios vino a destruirlos, y acabarlos: Desta suerte agradaremos, y aplacaremos su justo rigor, porque viendo su clemencia divina, que de nuestra parte obramos lo que alcanza la humana fragilidad, concurrirá al remedio de su mies.

Al Profeta Ezechiel le dijo derramaría sobre su pueblo agua limpia, y le labaría de todas sus idolatrías, y manchas:

Aquí encargo el cuidado en los Baptismos para que se logre enteramente este primero beneficio Divino, pues tenemos tanto que lamentar en la superstición que también reconocí, que aún dura, trayendo ya el niño a la pila el Nombre de su gentilidad, y un demonio por patrón, y abogado encubierto en un particular Animal, de quien derivan, y toman sus agueros, y nombres, como conseguiría su fructo en los adultos, aquella agua santa, y pura que los supone dedicados al demonio quando niños?

Y más quando ya crecidos se transforman en el Animal a cuya vana protección se criaron.

Destas transformaciones se queja Dios quando dice por S. Mateo, que se convirtieron los pecados en Víboras: Genimina viperarum, que se bolvieron en Leones. Así por Ieremías: Haereditas mae quasi leo in sylua, que se transformaron en Iabalíes: Exterminauit eam Aper de sylua. Así por David, ya en sucios animales silvestres: El super hircos visitabo.

Símbolo tan notorio de la deshonestidad, que en Roma no le fue lícito al sumo Sacerdote el nombrarle, y que miserablemente entorpece al Indio en tanto grado, que no le ay por singular, y primero que sea reservado a su bestial apetito; fatigados ya los Prelados de dispensar incestos ocultos, como en lamentar los públicos no bastante castigados por más que se multipliquen los castigos; no ay materia en que no se apodere su fuego. Este es un eficaz argumento de quanto reina en sus corazones la idolatría, y falso culto, origen deste vicio.

Arguyó el Señor a la Samaritana de lasciva, diziéndola: «Cinco varones tubiste, y éste que tienes ahora no es marido tuyo». A lo qual respondió la muger: «Profeta eres Señor», y añade para honestar su delicto: Patres nostri in monte hoc adoraverunt. Palabras en que disculpa con la idolatría su incontinencia, porque aquel tiempo lo introduzido entre ellos era sacrilegio, y cismático; y así dijo la muger:

«Bien conozco Señor, que eres Profeta, pues por aver conocido que este Templo en que adoraron nuestros Padres, es aora de idólatras, y sacrílegos, sacas por consequencia, que yo soy lasciva, no siendo posible menos, viviendo yo en tan falsa adoración, y culto»: Por eso se queja Dios, por el Profeta David, que la criatura por idólatra se le convirtió en una Fiera singular, y espantosa entre las Fieras: & singularis ferus de pastus est eam.

No dudo, Señores, que el natural del Indio es infructuoso, rebelde, y duro por las profundas raíces que en ellos ha echado la idolatría; malo es el panino, pero también tiene mucha culpa nuestra negligencia, y tibieza: Si queremos gloriarnos con S. Pablo, en el fruto de una santa, y loable conversión, obremos como Ángeles de ese Reino de los cielos, quitando los escándalos del, y de suerte que a nuestras Oraciones obre Dios en los súbditos lo que San Iuan nos propone, diziendo:

«Si estuviere alguno enfermo por sus culpas, y se bolviere a Dios, aviendo un Ángel que ruegue por él, le dará su divina Magestad salud». Empeñada nos tiene Dios su palabra divina, persigamos a este enemigo fiero de la idolatría, que Dios cooperará con nosotros, y se dignará de iluminarlos a ellos; no perdamos punto en negocio tan celestial, que en la escala de Iacob, símbolo de la Iglesia, y de los Sacerdotes, ningún Ángel estava sentado.

Antes obrava Dios por sí, respondiendo él mismo a las preguntas que le hazían, como en el castigo de la adoración del Becerro, y en la conjuración de Coré; pero aora responde por nosotros, que los Sacerdotes son el sagrario donde da sus respuestas Dios, y los instrumentos que toma para libertar a los suyos; y en señal desto desapareció la estrella en Ierusalem a los Reyes Orientales, porque donde ay Sacerdotes sobran estrellas: obremos como los que somos canales del Espíritu Santo, correspondamos a su divina luz, que así desharemos las tinieblas de la idolatría, y se desvanecerá aquel hávito, y mala inclinación de los naturales a este vicio:

Tratando Isaías de la venida del hijo de Dios al mundo, dice: «que le embió su eterno Padre como cuchillo agudo, y como saeta escogida», sin duda que para destruición de los idólatras, pues nos le propone el Profeta a usanza de los Naturales en las dos armas referidas, para que como ejemplar le imitásemos en el santo ministerio en que nos puso, y vivimos.

En la genealogía de Nuestro Redemptor calla S. Mateo a tres Reyes, Ocozias, Ioas, y Amasias, por idólatras, según San Ambrosio, nombrando a otros pecadores, como Manases, y Amón, para darnos a entender, que la idolatría es el pecado que más directamente se opone a la divinidad; de aquí nacen como de raíz, y de no velar como devemos, los atrevimientos de los Naturales, el negar a veces la obediencia a sus Parrochos, a veces el alimento, nace el poco respecto a los Visitadores, y Ministros Eclesiásticos: que su origen traen estos desacatos de la idolatría, que es su origen.

Ocozias idólatra embió tres Capitanes a prender a Elías: Ioas mató a Zacharías entre el Templo, y el Altar: Amasias, reprehendiéndole un Profeta, le amenazó de muerte si no callava: Ieroboan para divertir al Pueblo del servicio de su verdadero Dios puso dos Becerros de oro en los montes Bethel, y Dan, y pregonó, que nadie fuese a Ierusalem, que aquéllos eran sus Dioses: no es esto lo que acaece oy por nuestras culpas? Aconsejándose los Naturales, y conviniéndose en no ir al Templo, en no oír la palabra divina, no dicen lo mismo que Teroboan?

No vais a los Templos de los Padres, que aquí en el monte tenéis a vuestros Dioses, a quien sacrificando las primicias de los animales, y roziando con su sangre las nopaleras, y sementeras, os darán copioso fruto. Bien se be en la remisión con que acuden al culto divino, en la tibieza con que obran, en la violencia con que asisten a lo sagrado: no es esta traza del demonio para divertirlos del servicio de Dios, no acudiendo al Templo donde esto se manda, y se predica? Y ruego a Dios no se disculpen a veces de aver faltado al santo sacrificio de la Misa, a las doctrinas, y demás santos ejercicios, con dezir que se ocuparon en los intereses particulares de sus cabezas.

Si queremos asegurar a Dios su heredad, y al Rey nuestro Señor sus vasallos, éste es el único medio, y camino, extirpar de una vez la raíz de la idolatría; para lo qual es bien saber que muchos Imperios fundados en adoraciones falsas nacidas de ignorancia mantubo Dios, premiando con la duración y felicidad temporal las virtudes morales, y la ciega adoración con que le reconocían, no porque le fuesen gratas sus víctimas, sino por la sencillez religiosa con que le buscavan en sus criaturas: pero jamás conservó a los que disimulavan la religión, más con malicia, y arte, que con ignorancia; con que no podemos alegar a Dios disculpa en la tibieza, de instar, predicar, y comunicar las luces de su verdadera doctrina, que él para este fin se sirvió de comunicarnos.

El gran Doctor de la Iglesia S. Isidoro, Arzobispo de Sevilla, hijo de la sagrada Religión de mi gran Padre S. Benito, pronosticó en su muerte a la nación Española, que si dejase la verdadera Religión, sería oprimida, pero que si la observase dominaría sobre las demás Naciones; verificose esta profecía en el duro yugo de los Africanos, el qual se fue lentamente disponiendo desde que el Rey Vvitiza negó la obediencia al Papa, con que entró la libertad en el culto:

Después castigada España, reconoció sus errores, bolvióse a Dios mediante aquellas pocas reliquias que retiró Pelayo a la cueva de Cobalonga, en el monte Ausena, donde las saetas, y dardos se bolvían contra los mismos Moros, que las tiravan; y desde entonces comenzó a crecer la Monarchía, hasta llegar al complemento que oy goza, en premio de la religión Católica; que asegurar ésta, y su verdadera doctrina en los corazones de los súbditos, es asegurar, y establecer uno, y otro Imperio espiritual, y temporal.

Y así es necesario como buenos soldados, a imitación de aquéllos, armarnos de Dios contra el enemigo común, que viéndonos prevenidos, continentes, y fervorosos se enervarán sus fuerzas, ya que hace tal batería a la Iglesia fortificado en los corazones de los Naturales; para esta guerra invisible sea el ceñidor de la castidad, cingite lumbos vestros, sea la cota de justicia, induite loricam iustitiae, sea el escudo de fee, sumentes scutum fidei, sea la celada de esperanza, galeam sulutis asumite, sea la espada de espíritu, gladium spirit', quod est verbum Dei, que es la predicación de la palabra divina, y sobre todo oración, y vigilancia, per omnem orationem vigilantes onmi instantia.

Con este amparo, y prevención, no será poderoso el infierno contra nosotros, que como dice Santiago resistite diabolo & fugiet a vobis; que de San Nicolás de Tolentino nos refiere su historia, que luchava con diez, o doce, demonios juntos, que sin duda temía acometerle uno solo.

Otro grande daño reconocí en los Naturales, y es, que hacen de las Iglesias mercados, donde de noche compran, y venden. O desorden judaico, y de los más contrarios a nuestra S. Fe! aquí hemos de llorar, y clamar los Sacerdotes: con dezir Zacharías, de Christo N. Señor. Ecce Rex venit tibi mansuetus, nunca se embraveció León, siendo Cordero manso, sino en la ocasión que en el Templo azotó a los mercaderes, y trastornó cátedras, y tiendas, nunca se mostró tan ofendido, como en esta ocasión, pues los castigó por sus proprias manos, cosa que jamás hizo, ni como Dios, ni como hombre, y siendo tan sufrido que da un plazo, y otro, para que se enmiende la criatura; en castigar esta culpa hecha a su casa, no dio plazo alguno, sino que luego los castigó, y echó del Templo; y aunque dice, que no vino a juzgar el mundo, sino a salvarle, en los delitos cometidos en la casa de su Padre, no se muestra Rey manso, sino severo juez, y al mismo respecto ejecutor.

Esta superstición quien duda que tiene mucho de judaica? pues según S. Agustín en la homilía sobre este Evangelio, viendo Dios a aquel Pueblo pertinaz, y protervo tan inclinado a la idolatría, a sus sacrificios, ne in idola deflueret, le atrajo a su culto, ordenándole con providencia divina, que también le sacrificase animales, causa de que los judíos los vendiesen en el Templo, haziendo ferias, y convirtiendo en mercado, y cueva de ladrones, la casa que era de oración.

Pues esto es así por nuestros pecados, imitemos a Christo; no aya cosa en que tanta vigilancia pongamos, como en la decencia de sus Templos, para la pureza de su inefable sacrificio, a imitación de Zorobabel, y el gran Sacerdote Iesús: Desvélense los que son cabezas en que no sea la casa de oración, de negociación donde celebrándose las ferias de noche tenga lugar la superstición, pues sus contratos son sin luz constando de recevir, y dar.

Esto lamentaba proféticamente David, quando dezía quia non cognoui litteraturam tuam. Otra letra: negotiationem tuam, no entiendo vuestros contratos, ni como se compadecen en los Templos, ni con las leyes del cielo: pues que sería si los hallásemos en los que son Templos vivos de Dios? poco sería entonces bolver segunda vez a poner en las manos divinas el agote para más horrendo castigo.

Dispongamos pues la Grey con santa, y loable mansedumbre, armados de fervoroso celo, a imitación del Señor, que vino a salvar el mundo, que si descendiera a sentenciar pecadores, quien dellos quedara vivo? Los medios prudenciales encargo; sea nuestro fin aliviar las ovejas cansadas, esperándolas, y sufriéndolas, inclinándolas como la gracia, suauiter fortiter, a amar a Dios, y servirle; desta suerte la gravedad de las culpas no borrara de su pecho la esperanza de misericordia.

Esta celestial dirección le hizo el Redemptor del mundo parecer a los hombres primero Pastor, y Padre, porque cuidó de templar la justicia con la piedad, con que juntó en sí las perfecciones de todos:

Que si Moisés fue manso, al fin mató a muchos, en el mar Bermejo anegó a Pharaón, en la adoración del Becerro mató treinta y tantos mil, al que cojió leña, en Sábado mandó apedrear: Iosué se llamó Salvador, pero quitó la vida a muchos de Chanaam, y al que hurtó la regla de oro en Iericó, mandó que toda su generación le quemasen: Samuel fue santísimo, mas su mano, mató al Rey Agag de amalec. Caminemos (Señores) por unos santos y eficaces medios, que más se proporcionen a los de Dios, que nos dio fórmula, y ley:

Y a su ejemplo San Pablo, que escriviendo a los de Corinto, dice, que se acomodava a la capacidad, y pequeñez de los súbditos, proporcionándose con los ignorantes: quasi carnalibus. Por lograrlos a todos, que devemos acudir al remedio de cada uno, por donde más convenientemente le podamos grangear.

No puso el Verbo Divino los pies en la sombra de la muerte por otro fin: meus cibus est, ut faciam voluntatem Patris. No vine, dice al mundo a grangear, y comer; sino a buscar, y redimir pecadores, que es la voluntad de mi Padre. En que nos enseñó, que no pongamos la mira en los intereses humanos, aviendo un premio eterno que nos espera inefable; imitemos a Christo, que si come con Simón Leproso, no hace caso de la vianda, sino de la Magdalena, para atraerla, y reduzirla:

Si tiene sed en el poso de Iacob, no hace caso de la bevida, sino de la Samaritana; tratar de la salud espiritual de los hombres fue toda su ocupación, y fin, dando a veces salud a los enfermos en el cuerpo, para dársela a todos en el alma. Este espíritu quiso que tubiésemos sus principales Ministros, tocando accidentalmente en las cosas terrenas, puesta sola la atención en las celestiales.

Constituye Dios a Isaías Profeta suyo, y le dice, no acudas más a las casas del siglo, ocúpate solo en predicar a mi pueblo: Hace a Moisés Caudillo de su gente, y le dice, no os tengáis por nieto de Pharaón, ni queráis ser servido: A

Amós predicador de Samaria le dice, no tratéis de intereses humanos, significados en las Vacas: Llamando a Eliseo le ordena que deje el Arado, y Bueyes: a San Pedro y San Iuan, les dije, no seáis más pescadores de peces, dejad esa codicia aunque leve, y para que seáis perfectos pescadores de almas. Y últimamente sigamos el consejo de San Agustín, quando dice: «no digo que no siembres, sino que el cuidado de la sementera no te ahogue».

Esperemos por galardón lo eterno, que mientras más se gusta, más se apetece, mientras más se tiene, más se anhela: que así San Epifanio llamó al eterno Padre, concupitur filij, el que engendrando siempre al hijo, le está apeteciendo siempre; con la predicación, fervoroso celo, y anhelo resucitarán aquellas primeras centellas hijas de la charidad, que mira a un solo principio, y Dios.

En el Evangelio de la Parábola de la zizaña, dice el Evangelista, que vino el demonio, y la sembró, y lo dice con este termino: super seminauit, que sobrepuso el enemigo sobre el bien, el mal; y es que ya Dios tenía sembrado el bien: donde notaron San Iuan Chrysóstomo, y Tertuliano, que primero es el bien, que el mal; la virtud, que el vicio; la verdadera adoración, que el falso culto; la Iglesia Católica, que los Hereges; y ello se da a entender, porque siendo el mal, privación del bien: el error, de la verdad, ha de ser después, pues no es naturaleza, sino accidente, que despertó, y fomentó el demonio, embidioso del bien que Dios nos hizo.

Esto deve darnos mucho aliento, para el remedio, y reducción de los idólatras, pues en los corazones humanos gravó Dios, primero el, propósito de vivir, según recta razón, buscándole la criatura, como a su criador, resucitando el fuego de la charidad divina, que tuvo adormecido el veneno de la falsa adoración, y culto.

Y así, Señores, cumplamos con el santo ministerio a que somos destinados, pasen Vmds. muchas veces los ojos por el ejemplar destas Causas, no se yerre la dirección, que deseamos establecer; cuidemos mucho de lo sagrado, de la pureza de los Templos, extirpando supersticiones, quemando, y destruyendo Ídolos, y altares, y lo demás consequente; frequéntese la palabra divina; asista cada qual a mi Beneficio, para el provecho espiritual de los suyos; trabajemos todos en la heredad del Señor; con el consuelo espiritual de que estas son las sendas, que guían a aquella inefable, y Bienaventurada vida, donde el gozo no tiene rastro de fastidio; la alegría, de tristeza; el descanso, de trabajo; la honra, de temor; la riqueza, de zozobra; la salud, de dolencia; la prosperidad, de mudanza; a aquel día sin fin con negación de noche:

Velemos, Señores, velemos sobre nuestro rebaño, no se verifique en nosotros la lamentable Profecía de Zacharías, por quien dice Dios amenazando a las cabezas tibias, y negligentes: Ecce ego suscitabo Pastorem in terra, qui derelicta non visitabit, dispersum non quaret.

Dada en Antequera Valle de Oaxaca, &c. a días del mes de año de

DIEGO, OBISPO DE OAXACA.

Relación de las idolatrías, supersticiones y abusos en general De los naturales del Obispado de Oaxaca

Por mandado del illustrísimo, y Reverendísimo Señor M. D. Fray Diego de Hevia, y Valdés, Obispo de Antequera Valle de Oaxaca, del Consejo de su Magestad, &c. Hace esta Relación el Bachiller Gonzalo de Balsalobre, Beneficiado del Partido de Zola; sobre las causas de idolatrías, sortilegios, supersticiones, ritos y ceremonias de la Gentilidad, que tiene fulminadas, y averiguadas contra sus feligreses, y en que están muchos dellos convictos, y confesos:

Y sobre el uso corriente práctica, y enseñanza, de trece Dioses, en el dicho Partido, y según parece por deposiciones de algunos testigos en las demás Doctrinas circunvesinas.

Illustrísimo y reverendísimo Señor.

Movido del celo de la honra de Dios Nuestro Señor, y receloso de la poca satisfación que generalmente se tiene de los naturales deste Reino, en las cosas de la Fe, y por cumplir con las obligaciones de mi oficio; haviendo mucho tiempo que tenía conjeturas probables de que mis feligreses, y muchos de los naturales deste Obispado, aunque en lo público, o ya forjados de los Ministros de Doctrina: o ya por costumbre que tienen de hacerlo, o ya por paliar la rebeldía de sus repetidas, y porfiadas idolatrías, y supersticiones, que han continuado desde la Gentilidad acá, con perdida de tantas almas como han muerto, y mueren rebeldes, e impenitentes en ese detestable crimen, en que generalmente están conaturalizados, como quienes lo han heredado de padres a hijos, y nietos, y por suscesión de unos en otros (menos los que mueren en el estado de la inocencia conservando la gracia Babtismal) hacen actos demostrativos de verdadera fee, y afectan parecer verdaderos Christianos.

Y por las experiencias que tengo adquiridas de su comunicación, en veinte y dos años de Ministro de doctrina, deseando con incansable cuidado por todos caminos enderezarlos al de la Bienaventuranza: los he hallado siempre en lo interior muy apartados del, aunque en lo exterior muestran lo contrario; y viviendo entre ellos con este dolor, y desconsuelo, motivado de las causas referidas, fue Nuestro Señor servido de que se empezase a descubrir la falsedad de su simulada fee, en una causa de reincidencia que fulminé en veinte y tres de Diziembre del Año pasado de cinquenta y tres, contra Diego Luis, principal maestro de los dichos Naturales, y natural de un Barrio de la cabecera del dicho mi Partido, a quien aurá poco más de diez y nueve Años, que castigué por los mesmos delictos.

Éste y otros maestros que allí ay, y en la lengua vulgar, y corriente se llaman Letrados, y Maestros, han enseñado cintinuamente los mismos errores que tenían en su Gentilidad, para lo qual han tenido libros y quadernos manuescritos, de que se aprovechan para esta doctrina, y en ellos el uso, y enseñanza de trece Dioses, con nombres de hombres, y mugeres, a quienes atribuyen varios efectos, así como para el régimen de su Año, que se compone de dozientos y sesenta días, y estos se reparten en trece Meses y cada Mes se atribuye a uno de los dichos Dioses, que lo govierna según el comportamiento de dicho Año: el qual también se divide en quatro tiempos, o rayos; y cada uno destos consta de sesenta y cinco días, que todos ajustan el dicho Año:

De donde con sortilegios sacan la variedad de sus respuestas mágicas, y agoreras; como para todo género de caza, y para qualquiera pesca; para la cosecha de Maíz, Chile y Grana; para qualquiera enfermedad, y para la medicina supersticiosa con que se ha de curar; y para atajar los trabajos, y muertes, que no lleguen a sus casas: para el buen suceso en las preñeces, y partos de sus mugeres; y para que se logren sus hijos; para los cantos de pájaros, y animales, que les son agueros; para los sueños, y su explicación, y el suceso que han de tener en lo uno, y en lo otro; y para reparar los daños que les pronostican.

Finalmente para qualquiera cosa de que necesitan, ocurren a uno destos Letrados, o Maestros: los quales echando suertes con trece maíces, en reverencia de los dichos trece Dioses, les enseñan a hacer horrendas idolatrías, y sacrificios al Demonio, de perrillos pequeños, y de gallinas, y pollos de la tierra, degollándolos, y roziando con su sangre trece pedazos de copale, o incienso de la tierra, y quemándolo, y ofreciéndolo en sacrificio al Dios de quien esperan el remedio de la necesidad que pretenden reparar: para lo qual hacen ayunos de veinte y quatro horas, a manera de los judaicos, y en especial del de la Reina Ester, mezclándolos con muchos ritos, y ceremonias supersticiosas.

Y especificando esto en particular, al coger los primeros elotes de sus sementeras, el día señalado por el Maestro de los dichos ritos, sacrifican una gallina negra de la tierra, roziando con su sangre trece pedazos de copale, en memoria de sus trece Dioses, y quemando el dicho copale, y con el resto de la sangre regando el patio de su casa:

Lo qual ofrecen al Dios del maíz, y de toda la comida, llamado en su lengua Lozucuy, en agradecimiento de la buena cosecha que han tenido, y al ofrecerlo dicen ciertas palabras en voz muy baja como quando rezan. Y lo mismo hacen al cortar el primer chile, ofreciendo el sacrificio al Dios de los rayos llamado Lociyo, en la forma que el antecedente.

Y al asemillar los nopales, o coger la grana sacrifican gallina blanca de la tierra al Dios que llaman Coqueelaa, y dicen ser ahogado della. Y para la caza de venados, u otros animales monteses al Dios de los cazadores llamado Niyohua, o en defecto de no conseguir la dicha caza mediante la interbención del dicho Dios, sacrifican segunda vez con penitencia de tres días, y ayuno de veinte y quatro horas:

Por el mismo intento al Dios Nozana, que es de sus antepasados. En las preñeces, y partos de las mugeres a la Diosa Nohuichana. Y a esta mesma en las pescas de las truchas, a quien queman copale, y encienden candelas de cera a la orilla de las honduras del Río, por el buen suceso en dichas pescas:

Y a la dicha Diosa sobre las limosnas que traen a la Iglesia. Sobre las enfermedades, y medicinas para curarlas, a los Dioses abogados dellas, que dicen llamarse Lera acuece, Lera acueza. Al Dios trece, llamado Leta aquichino, y al Dios de los brujos, que llaman Lexee, sobre sueños y agueros, y su declaración. Al Dios llamado Nonachi, sobre varios, y differentes sucesos.

Al Dios del infierno, imbocado de ellos con tres atributos conviene a saber Coqueetaa, el grande, y supremo Señor, Leta ahuila, el Dios del infierno, Coqueehila, el señor del infierno. Y a otra Diosa de allí, que dicen ser su muger, comúnmente llamada Xonaxihuilia, sacrifican por los difuntos, y para atajar las enfermedades, y muertes, que no lleguen a sus casas; lo qual hacen en la forma siguiente.

En espirando el difunto, laban el cuerpo, y cabeza con agua fría, y si es muger le peinan los cabellos, y se los atan con una cuerda blanca de hilado de algodón, y la amortajan con las vestiduras más nuevas que tienen, poniéndoles dos o tres pares de naguas y huipiles mas o menos, conforme al caudal de cada uno, y enzima les suelen vestir la mortaja or dinaria, metiendo dentro della cantidad de piedras pequeñas amarradas en un paño, en memoria de los sacrificios que se hizieron porque sanase el dicho difunto, u de los remedios supersticiosos que los Letrados les aplicaron, y no les fueron de provecho.

Después, o antes del entierro tornan a consultar a los Letrados, sobre la dicha muerte, o a alguno dellos; y el susodicho echando suertes con trece maíces, en reverencia de sus trece Dioses, les ordena la penitencia que han de hacer; y lo ordinario es, que en nueve días, si es varón el tal difunto, y si es muger en ocho, no se vistan ropa limpia, ni tomen nada con la mano, ni la den a otra persona, ni tampoco la recivan y se abstengan de mugeres, se vañen de madrugada en el Río, y al cabo de la dicha penitencia ayunen de veinte y quatro horas uno, u dos, u tres días, conforme ubiere salido en la suerte el dicho ayuno; y prebengan de la misma manera perrillos, y gallinas, o pollos de la tierra, y copale, para el sacrificio que se ha de hacer en el remate del último día de ayuno, el qual llegado, y cumplidas las veinte y quatro horas, viene el Letrado a la casa del difundo, y llevándose consigo una o dos personas de los más conjuntos en parentesco al dicho difunto.

Y las dichas gallinas, o pollos, perrillos, copale y lumbre, sale fuera de poblado, y aviendo llegado al puesto que le parece conveniente, hace uno, dos, o tres hoyos, de a tercia de hondo cada uno, uno en pos de otro, y haziendo pedazos el dicho copale, echa en cada hoyo trece pedazos del, en reberencia de sus trece Dioses, y manda a uno de los acompañados o ministros, que degüelle la gallina, o pollo de la tierra, o el perrillo, y rozíe aquel copale con su sangre, y el resto derrame dentro del dicho hoyo, y asimismo ni más ni menos en los demás, si ha de pasar de uno el dicho sacrificio, y poniendo en el bordo de cada hoyo un pedazo de copale sin sangre, manda pegar fuego al dicho copale, y aviéndose quemado echa dentro el perrillo, o pollo de la tierra (más siendo gallina grande manda llebarla a la casa del difunto, para que aderezada la coman todos los ayunadores en su compañía) y hace cubrir con tierra el dicho hoyo, diziendo estas palabras, u otras semejantes, que aluden a éstas:

Este sacrificio ofrezco al demonio, por este difunto, conviene a saber al «Dios del infierno, y a la Diosa su muger, y a tal y a tal Dios», si pasa de uno, a dos, a tres, y a quatro el sacrificio, conforme lo mostró la suerte, para que, ataje el camino a las enfermedades, y muertes, que no pasen deste lugar, ni lleguen a la casa de los deudos del dicho difunto. Y con esto se concluye el dicho sacrificio, y ayuno, bolviéndose a senar todos a la casa del dicho difunto.

Otras veces sacrifican por los difuntos, después de la penitencia, y ayuno, en el mismo aposento o sala donde espiraron, degollando allí una gallina de la tierra, y roziando ese lugar, y trece pedazos de copale con su sangre y quemando el dicho copale, y con el resto de dicha sangre regando el dicho aposento; y ofreciéndolo en la forma referida.

En este artículo suelen hacer más o menos otras ceremonias, y ritos supersticiosos y como quiera que todos paran en sacrificios al Demonio, aunque varíen algunas veces en el modo de hacer el sacrificio, en la substancia siempre es uno, y se endereza a un fin.

Acostumbran asimesmo, en preñeces, partos, y otros trabajos de cárceles, prometer que si se libran con bien dellos sacrificarán a tal Dios un perrillo, o gallina de la tierra, en la forma de atrás, ofreciéndolo al dicho Dios; a lo qual ha precedido que consultando algún Letrado de dicha jurisdicción, y este tal echando suertes les ha respondido, que tal Dios hace: justicia contra el enfermo o encarcelado, y que para aplacarlo le haga aquella promesa, la qual acepta y hace el susodicho, y los de su casa, y a su tiempo la cumplen puntualmente en agradecimiento del buen suceso.

Y lo mesmo sucede con las preñadas, y paridas, y para esto tienen lugares diputados donde ocurren a cumplir sus votos, como lo tienen en un cerro de la jurisdicción de mi Beneficio, llamado en lengua vulgar de los Naturales Quijaxila, que cae como media legua del Pueblo de San Iuan, distante de la cabecera otra media legua, en cuya eminencia parecen las ruinas de un edificio, que es constante voz común, y corriente que fue Templo de sus Ídolos en la Gentilidad, y que allí ocurren a poner en ejecución sus sacrificios.

Para ofrecer limosna en la Iglesia, tienen días buenos, y malos, y esos los señala algún Letrado de la jurisdicción, según el computo del libro de su doctrina. Si el día es bueno, aunque sea de entre semana, concurren todos juntos, o muchos dellos, a encender candelas, o traer otras ofrendas, las quales consta por sus declaraciones, que hacen en reverencia de sus trece Dioses:

Verbi gratia: si tal día es bueno para ofrendar, y les dijo el Letrado que lo hiziesen en el altar de la Virgen, ofreciendo, o encendiendo tantas candelas, lo ejecutan, y las ofrecen en reverencia de la Diosa Nohuichaná, y si en todos los altares lo hacen en reverencia de todos los trece Dioses, y al respecto de lo dicho son las demás ofrendas.

Otras muchas ceremonias y ritos acostumbran hacer al enterrar sus difuntos, al casarse, al juntarse con sus mujeres, al edificar sus casas, al sembrar, y cojer sus cosechas; y finalmente todo quanto obran en lo general, es supersticioso, y tan vario que con dificultad se puede reduzir a número, y forma.

Todo lo contenido en esta Relación, está verificado con gran número de testigos, confesiones judiziales de muchos de los reos, y con declaraciones de otros, que ya llevados del temor del castigo, ya del arrepentimiento que manifiestan tener, se han acusado pidiendo misericordia y proponiendo la emmienda.

Causas en particular contra los reos que han usado estas
idolatrías y supersticiones

Hanse cocluido, y sentenciado algunas causas contra los reos
siguientes: I. Contra Melchior López, Indio natural del pueblo de S. Francisco, sugeto a la cabecera de Zola, por aver
consultado a Diego Luis, Maestro en idolatrías, y sortilegios,
creídolo, y ejecutado sus órdenes, y recivido del susodicho
un quaderno manuescrito desta enseñanza, teniéndolo en su
poder más tiempo de diez y nueve años, y usado del dicho
quaderno en algunos artículos en que fue convicto, y está
confeso, y penitente.

II. Contra Iuan Luis, cantor, y natural de la dicha cabecera, por otro libro que recivió de Gerónimo Sánchez, residente
en la jurisdicción de Zola, natural del Partido de Losicha,
ausente, y fugitivo, por la prisión que se hizo en el dicho Iuan
Luis, que está sospechoso en la enseñanza, y uso del dicho libro, y primero negó el delicto, y después lo confesó mediante
su defensor dando muestras de arrepentimiento.

III. Contra Ana María, India viuda, del Pueblo de San
Iuan, y muger que fue de Estevan de Aquino difunto, Maestro en estos ritos, e idolatrías; la qual sucedió en el oficio del
dicho su marido, y aunque fue convicta en la prueba de sus
delictos con gran número de testigos, está negativa, y rebelde.

IIII. Contra Pedro de Mendoza, del dicho pueblo de San
Iuan por aver consultado al dicho Diego Luis, y recevido del
un quaderno de su enseñanza, ejecutando sus órdenes; y por
aver sacrificado al Demonio en la muerte de su Abuelo, en
que está negativo, rebelde y convicto.

V. Contra Lorenzo Martín, cantor, y escrivano de la dicha
jurisdicción, natural de la dicha cabecera, e hijo del dicho
Diego Luis, por haver consultado al dicho su padre, y pues-

to por obra muchas idolatrías, y supersticiones, recivido un quaderno desta enseñanza, sacando traslado del, que tuvo en su poder mucho tiempo, y lo tenía escondido en su nopalera debajo de tierra quando lo prendieron, y aver usado en algunos artículos del dicho quaderno.

VI. Contra Matías Luis, hermano del dicho Lorenzo, por aver asimesmo consultado al dicho su padre, y practicado sus ritos, e idolatrías, y ocultádolas, aunque conocía su gravedad, y le constava de que el dicho su padre avía sido castigado por ellas, en que está confeso, y penitente.

VII. Contra Pasqual García, Indio principal del dicho Pueblo de San Francisco, cantor, y organista alguazil de doctrina que ha sido en la dicha cabecera, quatro veces en quatro años, y Alcalde una vez de la dicha jurisdicción, por aver consultado al dicho Diego Luis, y recivido del un quaderno de su enseñanza, y ejecutado tres sacrificios a los Dioses de su Gentilidad, precediendo primero cierta penitencia que hizo en ocho y nueve días, y dos ayunos en cada sacrificio de veinte y quatro horas, en que estava primero negativo, y después confesó mediante su defensor, y con muestras de arrepentimiento.

VIII. Contra Domingo López, Indio principal del dicho Pueblo de San Francisco, Alguacil de doctrina que ha sido dos veces, y Fiscal que fue en la primera causa que se fulminó contra el dicho Diego Luis, y lo acusó e interpretó el quaderno de su enseñanza.

Y así mesmo publicó la gravedad de los delictos en la Iglesia Parrochial el día que se ejecutó la sentencia contra el susodicho, Alcalde que ha sido en dicha jurisdicción quatro veces, Regidor otras tantas, y actualmente lo es; por aver consultado al dicho Diego Luis, creídolo, y puesto por obra sus idolatrías, y supersticiones, en que está convicto, y confeso con muestras de arrepentimiento.

VIIII. Contra Marcos Ruiz de la dicha cabecera.

X. Iuan Pérez del dicho Pueblo de San Francisco.

XI. Y Agustín de Mendoza, del de San Iuan, por aver consultado al dicho Diego Luis y a otros Maestros de idolatrías, creídolos y ejecutado sus respuestas, conociendo la gravedad del delito, y sabiendo que el susodicho, fue castigado diez y nueve años ha, por dogmatista, en que están convictos, y confesos, con muestras de arrepentimiento.

XII. Contra Francisco López, del dicho pueblo de San Francisco, de oficio cantor.

XIII. Y Marzial Ramírez, del de los Reyes, del mesmo oficio por sospechosos en el uso del dicho quaderno, que contiene: enceñanza de trece Dioses, y por averse hallado uno en lengua de la doctrina de S. Cruz, Vicaría de Regulares, en poder del dicho Francisco López. Y asimesmo por algunas consultas que hizieron al dicho Diego Luis; en que fueron convictos, están confesos, con muestras, de arrepentimiento.

XIIII. Contra Gracia Margarita, del dicho Pueblo de San Iuan, Maestra desta doctrina, y en cuyo poder se halló un quaderno de su enseñanza, y está convicta en el uso del: la qual es hija de Luis López difunto, que asimesmo fue Maestro.

XV. Y contra Miguel Martínez su marido, por su encubridor, han confesado los delictos, diminutos y con variación.

Haviéndose concluido estas causas conforme a derecho, fueron condenados los contenidos en ellas a Berguenga, y penitencia pública, según lo dispuesto por el Concilio Provincial Mexicano, que se celebró el año de 1585, en el libro quinto título quarto, de haereticis. p. 1. Y en la forma precripta en el mismo Concilio, y libro, título sexto p. primero, y segundo.

Hace fulminado causa contra los Gobernadores, Alcaldes, Caziques, Principales, Alguaciles mayores, y Mandones de dicha jurisdicción, que actualmente son, y han sido en tiempos pasados, sobre que quando van al Río a pescar truchas, mandan a las cabezas de los Pueblos, y Barrios, que prevengan candelas de cera, e incienzo de la tierra, que en lengua vulgar se llama copale, y en llegando al dicho Río, antes de echar las redes en el agua, mandan que enciendan las dichas candelas, y quemen el dicho copale, en la orilla de las honduras del, ofreciéndolo a una Diosa a quien atribuyen el señorío del dicho Río, comúnmente llamada en su lengua Nohuichana, por el buen suceso en dicha pesca, reiterándolo todos los años, lo qual hacen de costumbre inmemorial heredada de padres a hijos: está conclusa esta causa difinitivamente para sentenciar, y los reos convictos en el delicto, que han confesado mediante su defensor, con muestra de arrepentimiento, téngola remitida por Auto a V. Señoría Ilustrísima, para que sea servido de verla, y determinarla.

Causas fulminadas que están en sumario

Contra Diego Luis, Maestro de dichas idolatrías y supersticiones, y principal culpado en la enseñanza de ellas, castigado primera vez con piedad y misericordia, y después relapso en los mesmos, y mayores delictos:

Hacele tomado su confesión, después della declara segunda vez, y en la confesión, y declaración manifiesta más de cien cómplices, y cada uno destos va complicando a otros en número de dos, quatro, seis, hasta ocho, que han concurrido con ellos a los ayunos, penitencias, y sacrificios: condena algunos indios por Maestros de su misma doctrina, y declara, que ha dado algunos traslados del quaderno de su enseñanza, y que a esos tales ha enseñado a usar del.

Asimesmo declara todos los Maestros de un oficio que ha habido en el dicho Partido, y en otros circunvezinos, demás de cinquenta años a esta parte, y los que por esa causa fueron penitenciados. y castigados por el Licenciado don Martín Fernández de Córdova antecesor mío en el Beneficio.

Asimesmo declara que otros indios advenedizos de diferentes doctrinas, que vivían en el dicho mi Partido, y por causa de su prisión se han ausentado con otros naturales del, usan del mismo oficio de tales Maestros: Y que los indios de las jurisdicciones circunvezinas observan los dichos trece Dioses, practicándolos corrientemente, como, y de la manera que lo hacen en el dicho Partido de Zola, y con los mismos sortilegios, ritos, y supersticiones; diferenciando solamente en la lengua, y para esto señala el susodicho los Maestros que conoce en cada doctrina circunvezina, los quales dice que son más a menos de una mesma ley.

Contra Domingo Hernández, por mal nombre hechicero, natural del Pueblo de Santa María, ausente, y fugitivo desde que prendieron al dicho Diego Luis: Resulta de la sumaria información, y de diversas declaraciones de diferentes personas, que se han acusado voluntariamente, que el susodicho es Maestro en idolatrías, y supersticiones, y que tiene quaderno de su enseñanza, y usa del, y que lo consultan los naturales de dicha jurisdicción, y las circunvezinas, como y de la manera que al dicho Diego Luis:

Ay noticia en los autos de muchos cómplices suyos, y algunos dellos han hecho declaraciones acusándolo, y asimesmo, que es hechicero de quarenta años a esta parte, y que su padre, y madre, tres hermanos lo fueron; sobre que le están probadas al susodicho dos muertes de dos indios, y una de una bestia mular, causadas por hechizos.

Contra Iuan de Santiago, natural de dicha cabecera, y Alcalde actual de la jurisdicción, por averse hecho sospechoso en la idolatría, aconsejando a su muger, y a una hija, y yerno suyo, y a otras personas de dicha jurisdicción, que no declaren los delictos que han cometido, y escondan los papeles, y quadernos que tienen desta enseñanza y no manifiesten los culpados, y sus complices: Y asimesmo por aver impedido, y perturbado con osadía, y mano de Alcalde la jurisdicción Eclesiástica embarazando que no proceda contra los reos en algunas destas causas.

Otras muchas personas de dicha jurisdicción, se han acusado voluntariamente, de varios, y diferentes delictos, como cómplices, y consultores del dicho Diego Luis, y de otros Maestros de dicha jurisdicción, por averlos creído, y ejecutado sus respuestas, poniendo por obra muchas idolatrías, ritos y supersticiones.

Hanse concluido muchas de las causas destos, sin prenderlos, ni castigarlos con pena corporal, dándoles solamente penitencia saludable, y remitiendo por aora piadosamente el rigor de la pena que merecían, y amonestándolos, de que si tornan a reincidir serán castigados condignamente.

Éste es, Ilustrísimo Señor, el estado de las idolatrías descubiertas en el Partido de Zola, y el estado de las causas que hasta oy día se han fulminado: juzgo Señor, que para extirparlas de todo punto, es necesario largo tiempo, y mucho espacio por estar los sugetos tan envejecidos en ellas, y ellas tan arraigadas en sus corazones, y ser tantos los Maestros, y culpados, que muy pocos naturales del dicho Partido se escapan deste contagio, y aún es probable que se estiende, y a cundido hasta las doctrinas circunvezinas de Seculares, y Regulares, que no están menos infestadas del, según parece, por rumor corriente, público y notorio, de los entrantes, y salientes en ellas a sus contrataciones, y aún a comunicarse en los dichos delictos.

V. Señoría Ilustrísima será servido de probeer el remedio conveniente para el reparo de tan grave, y pernicioso daño; yo se lo suplico así humildemente postrado a sus pies en recompensa del celo con que he dado principio a este descubrimiento, el qual sea a mayor honra, y gloria de nuestro Señor y bien, y provecho de las almas, y para que los malos o se emienden, o sean confundidos. Menor Capellán de V. Señoría Ilustrísima, que sus pies besa. El Bachiller GONZALO DE BALSALOBRE.

Decreto

Vista esta relación por su Señoría Ilustrísima, en decreto que probeyó en veinte y quatro días, del mes de Marzo de 1654 años, mandó que se le tenga la causa fulminada contra los Governadores, Alcaldes, Regidores, Principales y demás Mandones del Beneficio, y jurisdicción de Zola, para verla, y

teniendo estado determinarla conforme a derecho; y que un
tanto de la Sentencia que pronunciare se ponga al pie desta
relación.

Y asimismo, que en el cerro que se refiere en dicha relación, a donde ocurren los indios a ejecutar sus idolatrías, y
a sacrificar a los Dioses de su Gentilidad, se haga una Hermita, en cuyo Altar se pongan tres Cruces, y se celebre Misa
en ella con toda solemnidad dedicándola a la invención de la
Cruz, y bendiciendo aquel Sitio, y erigiendolo en Cimenterio,
para lo qual se despache comisión en forma.

Y para que el Bachiller Gonzalo de Balsalobre, prosiga con
el celo que hasta aquí en la extirpación de las idolatrías y
errores que tiene averiguados contra sus feligreses, y en adelante averiguaré, así, en su partido como en todo este Obispado, se le despache título de Comisario General, y Apostólico, con jurisdicción pribativa, y delegable en esta especie de
causas. Y así lo probeyó, y firmó. El Obispo de Oaxaca. Ante
mi don Andrés de Estrada, Secretario.

Y traídos los Autos, y causas fulminadas, con su vista, dio,
y pronunció la sentencia siguiente:

Sentencia

En el pleito y causa criminal, que de oficio de la Real justicia Eclesiástica fulminó el Bachiller Gonzalo de Balsalobre,
Beneficiando de Zola, y su Partido, contra don Marzial de
Alvarado, y don Martín de Orozco, Gobernadores que han
sido del dicho Pueblo, y su jurisdicción; y contra Luis de Santiago, Luis Pérez, Bernabé Juárez, Domingo López, Melchior
Juárez, Iuan de Santiago, Ambrosio de los Ángeles, don Féliz
de Alvarado, don Gerónimo de San Miguel, Pasqual García,
don Felipe Cortés, don Ángel de Villafaña, Tomás de Aqui-

no, Pedro de la Cueva, Felipe de Santiago, Pedro de Canseco, Ioachín López, Nicolás de Amaya, Favián López, Iuan Pérez, Rafael López, Caspar de los Reyes, Miguel de Quiros, Iuan Gabriel, Iuan Estevan, Fabián López, del Pueblo de Santa María, Luis Hernández, Martín de Robles, Bernabé de Aquino; Domingo de la Cruz, Cristóval López, Gregorio Mendes, Iuan Baptista, Bernardo de Aquino, Alcaldes, Regidores, Alguaziles mayores, Caziques, Principales, y Mandones del dicho Pueblo, y jurisdicción.

Sobre que quando van a pescar truchas, mandan a las cabezas de los Barrios, que prevengan candelas de cera, y copale, y las enciendan, y quemen el dicho copale a la orilla de las honduras del Río, antes de echar las redes en él, lo qual ofrecen a una Diosa de su Gentilidad, que en lengua del dicho Partido se llama Nohuichaná, por el buen suceso de las dichas pescas, repitiéndolo todos los años, de costumbre inmemorable heredada de padres, a hijos, desde que se saben acordar; en que están convictos, y confesos, mediante su defensor, y han pedido misericordia.

Fallo

Fallamos atentos los autos, y méritos del proceso, y atendiendo asimesmo a la incapacidad, y flaqueza de la naturaleza de los Reos, y a la continuación, y costumbre con que han cometido el delicto connaturalizados en él, sucediendo de unos en otros, y heredándolo de sus antepasados, y obrando en su ejecución en virtud desto, sin discurrir entera, y deliberadamente en su gravedad, y malicia.

Todo lo qual parece que la disminuye; y en consideración de que los dichos Reos hacen, y componen cuerpo de República, y están arrepentidos, y penitentes, y que la Santa

Iglesia, como madre piadosa, usa de toda venignidad, y clemencia con los contritos, humillados, corrigiéndolos, y castigándolos con charidad, y blandura.

En consequencia de lo qual, y siguiendo sus pisadas devemos condenar, y condenamos a los susodichos, y a cada uno de por sí (menos a don Martín de Orozco, cuya causa separó, por averse descargado en el plenario juicio) a que en un día solemne en concurso de toda la jurisdicción, que se halle presente al acto, en la Iglesia Parroquial de la cabecera, se les dé a entender la gravedad del dicho delicto, y estando en pie, con velas encendidas en las manos lo confiesen en público, y lo detesten formalmente, proponiendo la enmienda, y sugetándose en caso de reincidencia, desde aora para entonces, por sí, y por los que les sucedieren en adelante, a quienes se lo irán haziendo saber, de unos a otros, a la pena condigna al delicto ya que quieren y admiten ser castigados a todo rigor de derecho, sin que para evadirse del dicho castigo, les aya, ni pueda valer la excepción de incapaces, y miserables: y en que ayunen nueve viernes corrientes después de la notificación, y recen un año entero todos los Domingos, y Fiestas el Rosario de nuestra Señora, en voz alta, a coros, juntos, y congregados, a ora de Misa Solemne en la Capilla mayor de la dicha Iglesia, y más los condenamos en dos pesos a cada uno, aplicados para la Fabrica, y menesteres della.

Y para que los lugares en que ha sido servido el Demonio, se consagren a Dios N. Señor, mandamos, que en ellos, y en los puestos donde se ubieren encendido dichas candelas, y quemando dicho copale, se erijan, y pongan Cruces benditas; y que se tenga particular cuidado de saber, e inquirir por espías de satisfación, que para esto se nombren, si los susodichos, o alguno dellos, reinciden en el dicho delicto, para que sean castigados como relapsos, con todo rigor de derecho.

Y por esta nuestra sentencia definitiva así lo pronunciamos, y mandamos, con costas, cuya judicial tasación, y la notificación, ejecución, y cumplimiento della cometemos al dicho Bachiller Gonzalo de Balsalobre. EL OBISPO DE OAXACA.

Pronunciación

En la ciudad de Antequera, a treinta días del mes de Marzo, de 1654 años. Su Señoría Ilustrísima M. D. Fray Diego de Hevia, y Valdés, Obispo de Oaxaca, del Consejo de Su Magestad, estando en pública Audiencia, publicó la Sentencia de arriva, firmada de su nombre; siendo testigos el Licenciado don Lorenzo de Mendoza, y el Bachiller don Ignacio de Porras, y el Capitán don Bartolomé de Estrada y Valdés, y el Licenciado don Baltazar de Brito, y Iuan de Loaysa, y otras muchas personas, que se hallaron presentes a la publicación de dicha Sentencia. Doy fee. Don Andrés de Estrada, Secretario.

Mandamiento y comisión para que se haga una ermita
en el zerro llamado Quijaxila

Nos el M. Don fray Diego de Hevia, y Valdés. Por la divina gracia, y S. Sede Apostólica, Obispo de Antequera, Inquisidor Ordinario, y del Consejo de su Magestad, &c Por quanto el Bachiller Gonzalo de Balsalobre, Beneficiado del Partico de Zola, que está entendiendo en las causas de idolatrías que ha descubierto en el dicho Partido, nos ha informado, que en un cerro que en lengua del se llama Quijaxila, media legua distante de un Pueblo llamado S. Iuan, de aquella doctrina, a hallado un sacrificadero que al parecer lo fue de su Gentilidad, según lo muestran las ruinas, y señales de edificios

47

que ay en él, donde los Indios del dicho Pueblo encienden candelas, queman copale, degüellan perros, gallinas, y pollos de la tierra, y los ofrecen a los Dioses de su Gentilidad; y para que el lugar donde el Demonio a sido venerado, se consagre y dedique a Dios N. Señor, y a su divino culto.

Mandamos, que en aquel puesto se haga una Hermita, y en ella se pongan tres Cruces, que hagan Calvario, donde se celebre Misa, con procesión solemne, dedicándola a la Invención de la Cruz, y se vendiga todo aquel sitio, erigiéndolo en cimenterio.

A todo lo qual hasta conseguir su efecto acudan los dichos Indios, en pena y castigo de las idolatrías que han cometido en el dicho puesto; y en caso de no hacerlo, el dicho Beneficiado les pueda obligar al cumplimiento dello.

De lo qual mandamos dar, y dimos el presente en nuestro Palacio Episcopal de la dicha Ciudad de Antequera, en treinta días del mes de Abril de 1654 años. EL OBISPO DE OAXACA.

Por mandado del Obispo mi Señor. Don Andrés de Estrada, Secretario.

Título de comisario general y apostólico
Nos el M. D. Fray Diego de Hevia, y Valdés. Obispo de Antequera, Inquisidor Ordinario, y del Consejo de Su Magestad, &c. Por quanto aviendo reconocido el grave, y universal dañó que padecen los Naturales deste Obispado, continuándose en muchas, y varias idolatrías, sortilegios, hechicerías, agüeros, supersticiones, ritos, y ceremonias de su Gentilidad, heredadas de sus antepasados, en que van sucediendo de unos en otros, sin que el cuidado, y eficacia de la predicación evangélica aya podido repararlo, ni la vigilancia que tienen

los Ministros de doctrina en instruirlos en la Fe Católica sea bastante para atajar de todo punto tan detestables, y porfiados errores.

Y atendiendo a que la obligación de nuestro oficio Pastoral, nos conduce a procurar los medios más importantes para que se remedien tan graves daños; y para eso conviene nombrar un Comisario general Apostólico. de todo nuestro Obispado, que conozca contra los dichos Naturales, y otras personas, de todas, y qualesquiera causas que a su noticia llegaren, así de oficio como de denunciación, o acusación pertenecientes a nuestra inquisición Ordinaria.

Por tanto confiado de la suficiencia, rectitud, y ajustamiento del Bachiller Gonzalo de Balsalobre, Beneficiado del Partido de Zola, que bien, y fielmente hará lo que por Nos le fuere encargado, en descargo de nuestra conciencia, y buena administración de justicia; y en atención de haver reconocido su gran celo en el servicio de Dios N. Señor, en el descubrimiento que a hecho de dichas idolatrías, y lo demás, en que ha obrado hasta oy contra los Naturales de dicho su Partido, y en cuyas causas está entendiendo, en virtud de comisión que para ello le tenemos dada: le nombramos, criamos y constituimos por tal Comisario general Apostólico, por el tiempo que fuere nuestra voluntad, y le damos poder, y facultad, y comisión en forma, para que pueda conocer, y conozca en primera instancia privativamente de todas las dichas causas, así de las pendientes, como de las que en adelante se ofrecieren, de que nos irá dando quenta, y haziéndonos consulta de las graves; en las quales unas, y otras, se abrá caritativamente, con toda piedad, y clemencia, atendiendo a la incapacidad de los sugetos, y sin quitar su lugar a la justicia, y sentenciarlas, y llevar a devido efecto las sentencias que pronunciare, actuando interlocutoria, o definitivamente en esta Ciudad, o en qualquiera parte de todo nuestro Obispado, y ante qualesquiera Notarios Apostólicos, Públicos, o Receptores del, o nombrar los necesarios, y suficientes, para el uso de dicha comisión, y los Fiscales, y demás Ministros que convenga.

Otro si le damos poder, y facultad para que por su ausencia, o justo impedimento, o para la mejor administración de justicia, pueda delegar la dicha jurisdicción, nombrando los Comisarios que le pareciere convenir: con tal que sean personas idóneas, y beneméritas; y pueda prender culpados, y secrestar bienes, invocando, si necesario fuere, el auxilio Real, y brazo Secular:

Y si justificadamente lo pidiere, y le fuere negado, pueda proceder, y proceda por las penas, y censuras del derecho contra los inovedientes, o los que impidieren, o perturbaren el uso, y ejercicio de dicha Comisión, o no le dieren el favor, y ayuda necesaria, para que tenga devido efecto; para lo qual, y lo a ello anexo, concerniente, y dependiente, le damos la dicha Comisión en bastante forma, con facultad de citar, e inhivir, excomulgar, y absolver; y cometemos nuestras veces plenariamente.

Y mandarnos a todas y qualesquiera, personas del dicho nuestro Obispado, así Eclesiásticas, como seglares, en virtud de Santa obediencia, y sopena de excomunión mayor, le tengan por tal Comisario General, y Apostólico, de nuestra inquisición ordinaria, y le guarden las honras, preheminencias, y excepciones que por el dicho oficio se le deven guardar, y le pertenecen.

En testimonio de lo qual, mandamos dar, y dimos la presente, firmada de nuestro nombre, sellada con nuestro Sello, y refrendada de nuestro Secretario infraescripto. Dada en nuestro Palacio Episcopal de la Ciudad de Antequera, en primero día del mes de Mayo, de 1654 años. EL OBISPO DE OAXACA. Por mandado del Obispo mi Señor. Don Andrés de Estrada, Secretario.

Concuerda con sus originales, que quedan en mi poder, y de que hice sacar este traslado, por mandado del Ilustrísimo Señor M. D. Fray Diego de Hevia, y Valdés, Obispo desta Ciudad y Obispado, en el qual interpuso su autoridad, y lo firmo, en su Palacio Episcopal de Antequera, en veinte y quatro días del mes de Octubre, de 1655 años. EL OBISPO DE OAXACA. Ante mí don Toribio Díez Quintanilla, Secretario.

Y estando en este estado las causas, ganaron Provisión Real los Naturales del dicho Partido de Zola, para que se llebase lo actuado a la Real Audiencia, por vía de fuerza; la qual se notificó al dicho Bachiller Gonzalo de Balsalobre, en quatro días del mes de Octubre de 1654 años, por Gerónimo de Aldrete Escrivano Público.

Y haviéndolo obedecido con el acatamiento devido a carta de nuestro Rey y Señor natural, que Dios guarde, fue en persona a la Ciudad, y Chancillería de México, a llevar los Autos, en donde asistió tiempo de ocho meses, hasta que la Real Audiencia, con Relación, y Vista dellos, declaró no hacer fuerza el juez Eclesiástico, y proveyó lo demás que se contiene en la Real Provisión siguiente. EL OBISPO DE OAXACA. Ante mí don Toribio Díez Quintanilla, Secretario.

†

DON FELIPE, POR LA GRACIA DE DIOS, REY DE CASTILLA, DE LEÓN, DE ARAGÓN, DE LAS DOS SICILIAS, DE JERUSALÉN, DE PORTUGAL, DE NAVARRA, DE GRANADA, DE TOLEDO, DE VALENCIA, DE GALICIA, DE MALLORCAS, DE SEVILLA, DE SERDEÑA, DE CÓRDOVA,

DE CÓRZEGA, DE MURZIA, DE JAÉN, DE LOS ARGAR-
VES DE ALGEZIRA, DE GIBRALTAR, DE LAS ISLAS DE
CANARIA, DE LAS INDIAS ORIENTALES, Y OCCIDEN-
TALES, ISLAS, Y TIERRA FIRME DEL MAR OCCÉANO,
ARCHIDUQUE DE AUSTRIA; DUQUE DE BORGOÑA,
BRABANTE, Y MILÁN; CONDE DE ASPURG, DE FLAN-
DES, DE TIROL, Y BARZELONA; SEÑOR DE VISCAYA, Y
DE MOLINA, &C.

A Vos Mi Alcaldé Mayor de la ciudad de Antequera, valle de Oaxaca, su partido, y jurisdicción, y a vuestro Lugar
Theniente, y a otros qualesquier mis jueces, y justicias, ante
quien esta mi Carta se presentare, y pidiere cumplimiento de
ella. Sabed, como ante el Presidente, y Oydores de mi Audiencia, y Chancillería, que reside en la Ciudad de México
de la Nueva-España, se trajeron, por vía de fuerza, los Autos
fechos por el Reverendo Obispo de dicha ciudad, y el Licenciado Gonzalo de Balsalobre, Cura Beneficiado del Pueblo de
Zola, jurisdicción de Zimatlan, como su Comisario; contra
el Governador, Alcaldes, Principales, y demás oficiales de República de dicho pueblo:
Sobre idolatrías, sortilegios, hechicerías, y otras supersticiones; que fueron traídos a pedimento de los susodichos, en
virtud de provisiones mías, con carta del dicho Obispo, en
que da cuenta de los excesos, idolatrías, y demás supersticiones destos Indios, y de los medios que ha usado, en orden a
escusar las ofensas de Dios N. Señor, y mías, despachando
Comisarios contra ellos, y cometiendo las aberiguaciones a
algunos Beneficiados sus súbditos, que se escusaban de obrar
en ello temerosos de que no los matasen, sin hallar fomento
en mis justicias, sino estorvo, por los mismos temores; y con
el celo de Padre, y Pastor destas almas, representó otros gra-

vísimos inconvenientes, que pidieron breve, y eficaz remedio, que visto en el Acuerdo que los dichos mi Presidente, y Oydores, tuvieron en 11 de enero del corriente, mandaron que todos los papeles que sobre esta materia ubiese, se llebasen al Doctor don Pedro Melian, mi Fiscal. Y aviéndose llebado dio esta respuesta.

Respuesta del señor fiscal

Muy Poderoso Señor. Vuestro Fiscal dice: que en las causas fulminadas contra los Indios, de que consta en los treinta quadernos, traídos por vía de fuerza a esta Real Audiencia, sobre idolatrías, sortilegios, y otras abominaciones, y herrores contra la Fee, y Religión Christiana, se deve declarar que no hace fuerza el Reverendo Obispo de Oaxaca, a quien se deven debolver, y remitir, para que como le toca, y con el cuidado, y diligencia que asegura su celo, y es de su obligación, y cargo Pastoral, proceda al castigo de los culpados, y ejecute las sentencias pronunciadas, y que sobre lo mismo, se prononciaren, por sí, y sus jueces Comisarios, o los Ordinarios de cada Partido, hasta conseguir la enmienda, y arrancar, y dicipar de raíz tan perniciosos errores como los contenidos en otros procesos, y los demás que se refieren en esta carta, y reduzir, y conservar a estos miserables al entero, y seguro conocimiento, y observancia de la Fee Católica, y verdad Evangélica.

Y porque por las Cédulas Reales está declarado, que el Tribunal del Santo Officio, que se fundó en este Reino el año pasado de 1560, no conozca de causas de Indios hasta que la Fee estuviese en ellos más asentada.

Y por capítulo de carta escrita al Señor Virrey don Francisco de Toledo, en 27 de Febrero de 1575, declarando otra de 1571, se ordena, que contra los Indios idólatras, dogmatizadores, y hechiceros conozcan, y procedan a su castigo los Prelados Ordinarios, y que contra los que con hechizos, y yervas, matan, y malifican a otros, procedan, y los castiguen los jueces Seculares; y esto es bien se guarde, así con Domingo Hernández, llamado el hechicero, vezino del Pueblo de Santa María, cuya causa se contiene en el quaderno nueve, como en los demás que se hallaren, y resultaren culpados en esta especie de delicto, ha de mandar V. Alteza, que el juez Eclesiástico remita la causa, y causas que ubiere a la justicia real de cada Partido, y que ésta los castigue con las más graves penas del derecho.

Y respecto de que oy se halla en esta Corte el Bachiller Gonzalo de Balsalobre, Beneficiado del Partido destos Indios, que como tal, y con Comisión de su Obispo ha procedido, y es juez en estas causas, se puede mandar, que los Indios que están presos, se le entreguen, o a su disposición se remitan a su Pueblo. V. Alteza lo mandará, o como más convenga, y sea justicia que pide, y en lo necesario &c. Doctor Don Pedro Melian.

Y en el Acuerdo de veinte de Abril de este año, se mandaron llevar los Autos a la Sala, y vistos por los dichos mi Presidente, y Oydores, proveyeron uno señalado con las rúbricas de sus firmas, del tenor siguiente:

Auto de la Real audiencia

En la ciudad de México, a 14 días del mes de Iunio, de 1655 años: Los Señores Presidente, y Oydores, de la Audiencia Real de la Nueva España: Haviendo visto la relación Eclesiástica, que fue traída por vía de fuerza, de la que el Gobernador, Alcaldes, Principales, y demás Oficiales de la República del Pueblo, y cabecera de Zola, jurisdicción de Zimatlan, dicen les hace el Obispo de la Ciudad de Antequera, Valle de Oaxaca, y el Licenciado Gonzalo de Balsalobre, como su Comisario Cura Beneficiado del dicho Partido, en proceder contra ellos en las causas que les ha fulminado de idolatrías, sortilegios, hechicerías, y otras supersticiones.

Dijeron, que declaravan, y declararon no hacer fuerza el dicho Obispo, y su juez Comisario, en conocer, y proceder en las dichas causas: las quales se les remitan, y debuelvan, para que prosigan en ellas, y continúen con el celo, y atención que hasta aquí, sentenciándolas, y ejecutando las que lo están conforme a derecho: Y mandavan, y mandaron, se despache Real Provisión para que la justicia de dicho Partido, y las demás de su Magestad, y del dicha obispado de Oaxaca, den al dicho Obispo, y sus Comisarios, los auxilios, y todo el favor, y ayuda que les pidieren para lo contenido en este Auto, pena de mil ducados, y de privación perpetua de sus oficios, y de que irá persona desta Corte a su costa, a ejecutarlo; y así lo pronunciaron, y mandaron. Ante mí Nicolás del Guijo Escrivano.

Después de lo qual Fernando Olivares de Carmona; Procurador de la dicha mi Audiencia, en nombre del dicho Beneficiado Balsalobre, pidió, que el auxilio que os estava mandado impartir al Obispo, y a él, se entendiese con los demás jueces Eclesiásticos, que entendiesen en estas causas, y que bastase presentar testimonio autorizado desta mi carta, y que se guardase, y cumpliese como si fuese la original.

Y que vos las dichas mis justicias como causa tan del servicio de Dios nuestro Señor, cada uno en vuestro partido, y jurisdicción, amparásedes a los intérpretes, testigos, y demás ministros que entendiesen en estas causas, y que se nombrasen para ellas, y que no consintiésedes que los Governadores,

Alcaldes, Tequitlatos, y Mandones, les hiziesen bejación, ni agravio, ni les impidiesen el obrar en las dichas causas cada uno en su ministerio, imponiéndoles para ello penas.

Y visto el pedimento, por los dichos mi Presidente, y Oidores, por su decreto de 15 del corriente, lo mandaron así. Y para que tenga cumplido efecto con su acuerdo mandé despachar esta mi carta, por la qual os mando a vos las dichas mis justicias, que siendoos mostrada beáis el Auto de la dicha mi Audiencia, que de suso va incorporado, y le guardéis, cumpláis, y ejecutéis, y hagáis guardar, cumplir, y ejecutar, según, y como en él se contiene, y en su conformidad.

Y del decreto último de 15 deste mes, de suso, citado, daréis al dicho Obispo, y sus Comisarios, los auxilios, y todo el favor, y ayuda, que os pidieren, para todo lo contenido en dicho Auto de suso incerto, y en conformidad del dicho decreto, con testimonio desta mi carta, firmado, y sigilado de mi Escrivano Público, o Real, la guardaréis, y cumpliréis, como si fuese la original, para en quanto a las causas de idolatrías.

Y por esta razón no haréis, ni consentiréis se hagan molestias, ni bejaciones a los intérpretes, testigos, y demás Indios, y Ministros, que entendieren en las dichas causas, y se nombraren para ellas, amparándolos, y defendiéndolos, y no consintiendo como no consentiréis por ninguna manera que los Governadores, Alcaldes, Tequitlatos, y Mandones, les hagan agravios, ni que les impidan el obrar en las causas referidas, cada uno en su ministerio, guardándolo, y cumpliéndolo todo, y cada cosa, y parte como tan del servicio de Dios, y mío, y que pide tanto remedio, para que por este camino, y otros medios suaves, se reduzgan estas almas a la obediencia, y báculo Pastoral de Padre, y Pastor, tan celoso de las cosas de nuestra Santa Fe Católica, a quien se remiten, y a su Comisario Balsalobre estos procesos para que prosigan en ellos, y continúen con el celo, y atención que hasta aquí, y las sentencien, y ejecuten las que tuvieren sentenciadas, conforme a derecho, y no hagáis cosa en contrario, pena de mi merced, y de los mil ducados de castilla, impuestos en el dicho Auto, en que desde luego declaró por incurso al que lo contraviniere, o qualquiera cosa, o parte dello, demás de privación perpetua de vuestros oficios, y de que irá persona desta mi Corte a vuestra costa, y de cada uno de vos, a cumplirlo, y ejecutarlo, según dicho es, de cuya pena tome razón mi Contador destos efectos.

Dada en México, a 23 días del mes de junio de 1655 años. El Duque de Alburquerque Licenciado Don Andrés Pardo de Lago. El Lic. Don Gaspar de Castro. Licenciado Don Antonio Albares de Castro. Registrada. Francisco de Ilabarria, Chanciller. Francisco de Olabarria.

Tomose la razón en la Contaduria de penas de Cámara de mi cargo. Francisco de Olabarria.

Yo Nicolás del Guijo, Theniente de Don Ioseph de Montemayor, Secretario de Cámara del Rey Nuestro Señor, la hice escrivir por su mandado, con acuerdo de su Presidente, y Oidores.

Muy poderoso señor. Fernando Olivares de Carmona, en nombre del Licenciado Gonzalo de Balsalobre, Presbítero, Beneficiado del Pueblo de Zola: En el pleito que sigue con los Indios del dicho Pueblo. Digo, que V. Alteza fue servido de mandar se despache Provisión a mi parte, para que las justicias le diesen favor, y ayuda, y el auxilio necesario para averiguar las causas de idolatría, imponiéndoles a unos, y a otros graves penas, como se espresan en dicha Real Provisión, y en las más partes de aquel Obispado no ay Escrivano Público, ni Real, que notifique dicha Real Provisión. A. V. Alteza pido, y suplico, se sirva de mandar la notifique qualquiera persona que sepa leer, y escrivir.

Y que la omisión que las unas justicias tuvieren en el obedecimiento, y cumplimiento de dicha Real Provisión, la aberiguen las otras ante sí como jueces receptores, a falta de escrivano Público, o Real, y se ponga por testimonio en dicha Real Provisión, pido justicia, &c. Fernando Olivares de Carmona.

Decreto

En la ciudad de México, a seis de Iulio, de 1655 años. Estando en Audiencia pública los Señores Presidente, y Oidores de la Audiencia Real desta Nueva España, se leyó esta petición. Y vista, mandaron se haga como lo pide todo el contenido en ella a falta de Escrivano Público, o Real. Nicolás del Guijo Escrivano. Corregido con la petición, y decreto original. Nicolás del Guijo Escribano Real.

Notificación

En la ciudad de Antequera. Valle de Oaxaca, en 13 días del mes de Septiembre, de 1655. Yo el Escrivano Público, requerido por el Bachiller Gonzalo de Balsalobre Beneficiado del Partido de Zola deste Obispado, notifique la Real Provisión de atrás, y Auto desta otra foja, al General don Pedro de Saravia, y Rueda, Cavallero del Orden de Santiago, Alcalde mayor, y Teniente de Capitán General desta ciudad, que vista por su merced, la cogió en sus manos, y la besó, y puso sobre su cabeza con la reverencia, y repecto devido como carta de Nuestro Rey y Señor natural, que Dios guarde, y en su cumplimiento obedeciendo la esta presto, por lo que le toca, de hacer lo que su Magestad manda en dicha Real Provisión, y Auto, y esto respondió, y lo firmó, Don Pedro de Saravia. Ante mi Gerónimo de Aldrete Escrivano Real, y Público.

«Concuerda con la Provisión, y Auto, y notificación original, que para este efecto me entregó el Bachiller Gonzalo de Balsalobre Beneficiado del Partido de Zola, a quien la bolví, de cuyo pedimento hice sacar el presente, que es fecho en esta Ciudad de Antequera en veinte y dos días del mes de Setiembre de 1655 años. Hago mi signo en testimonio de verdad. Gerónimo de Aldrete Escrivano Real, y Público».

Relación de otros casos de idolatrías
Concernientes a los ya referidos, y averiguados por el mismo licenciado Gonzalo de Balzalobre, para mayor inteligencia desta materia

Por declaración de Gregorio de Monjaraz Indio, natural del Pueblo de San Iuan, del mismo partido de Zola, consta que aviéndosele muerto a el susodicho su Abuela, su Padre Rafael Ramírez, ya difunto, consultó a Diego Luis maestro de idolatrías, sobre la dicha muerte: Y les respondió, que hiziese la penitencia acostumbrada, que es ayunando un día, y una noche, sin comer cosa alguna, ni tocar nada con las manos, ni tener comunicación los casados entre sí; y que tuviese prevenida una gallina de la tierra, y un pollo de la tierra, con cantidad de copale.

Y aviéndose hecho la dicha penitencia por todos los caseros, vino el dicho Diego Luis a la casa del dicho Gregorio de Monjaraz, y en el lugar donde avía muerto la difunta degolló la gallina, y rozió el copale con su sangre, y lo echó todo en el fogón, (que de ordinario tienen en el lugar donde los difuntos espiran). Lo qual hizo con ciertas palabras que no se pudieron entender; y dijo ser este sacrificio hecho a una Diosa de su gentilidad llamada Nohuichana.

Y de allí a otros ocho días vino el dicho Diego Luis a la misma casa, y poco después de las Oraciones, que empezava ya a escurecer llevó consigo al padre del dicho Gregorio de Monjaraz, y el pollo de la tierra, que estava prevenido con cantidad de pedazos de copale, le dijo que lo llebava todo al camino del infierno, que estava en un arroyo seco junto al Pueblo de S. Iuan, y se llama en la lengua corriente Quecoquasa, para hacer un sacrificio al Dios del infierno Coquetaha, para obligarle a que atajase el camino a las muertes, y enfermedades, no dejándolas salir del infierno, para que no llegasen a la casa del susodicho.

Y aviendo llegado al arroyo el dicho Diego Luis, le mandó hacer a su padre un hoyo como de una tercia de hondo, y en él echó los pedazos de copale, y degollando el pollo, lo rozió con su sangre, y dijo ciertas palabras, y echó dentro el pollo con cabeza, y cerró el hoyo.

También otro maestro destas supersticiones, en la muerte de otros difuntos mandava hacer ocho días de penitencias, bañándose en el Río de madrugada continuamente al salir del Lucero, y no mezclándose con mugeres, ni hombres, ni tocando ninguna cosa con la mano, ni dándola a otra persona.

También al cortar de los primeros Elotes de las sementeras, una parienta del dicho Gregorio de Monjaraz, consultó a Diego Luis, sobre el día bueno en que se avían de cortar; y le aconsejó, que avía de ser en el día del Dios de los rayos, que es el que embía el agua a las sementeras, y que ese día llebasen los primeros Elotes a la Iglesia, con tres candelas, y las pusiesen con ellos enmedio de la capilla mayor, y hiziesen tres días continuos de la penitencia de los ayunos arriva dichos.

Y asimismo declaró, que en un rezio parto que tuvo su muger consultó a una partera maestra de estas supersticiones, y le dijo, que para que la criatura saliese a luz, y se lograse, prometiese de ofrecer cantidad de pedazos de copale en el lugar donde naciese la criatura rociados con sangre de gallina de la tierra, y se quemase a honra de la Diosa Nohuichana, que es la que cría a las criaturas; y esto acompañase con tres días de la penitencia acostumbrada. Y no embargante esto dentro de veinte días se le murió la criatura.

También declaró aver hecho consulta al dicho Diego Luis, sobre el día bueno de cazar Benados, por ser su oficio y el dicho Diego Luis aviendo hecho cierta quenta con los dedos, le señaló el día, y le dijo, que aquel era el día en que gobernava el Dios del infierno, que es el que embía las muertes, y que aquel día de mañana fuese a la Iglesia, y pusiese una candela en el Altar del Christo. Para el Dios del infierno, precediendo primero tres días de penitencia.

Todo lo qual puso por obra, y cazó un Benado matándolo con un arcabuz, y traído el Benado a su casa, lo puso encima de unas ojas, y le sahumó la cabeza, y narices con humo de copale; lo qual le mandó el dicho Diego Luis hiziese, para que quando otra vez fuese a cazar no huyesen, sino que se dejasen cazar con facilidad; y que siempre ha hecho esta ceremonia para cazarlos.

Y declaró, que todos los cazadores de Benados hacen las mismas ceremonias; y que otros añiden otras, echándoles a los Benados muertos un poco de pulque en la boca, y encendiendo delante dellos una candela; y otros meten en la boca del Benado un pedazo de copale; y otros cazadores les sacan los lomos al Benado, y los reparten entre los que allí se hallan, y les mandan, que luego allí coman aquella carne cruda; y otros cazadores de Benados acostumbran hacer la penitencia acostumbrada, por tres días, y de mañana van a buscar la caza, y llevan consigo candelas de cera, copale, y un pollo de la tierra, para presentarlo al Dios del infierno, y tener buena dicha en encontrar con la caza de los Benados.

Todas estas cosas las ha descubierto la diligencia del Licenciado Gonzalo de Balzalobre, diligente Comisario, para la inquisición de todas estas supersticiones; con que se conoce el grave daño que ay en estas materias. Y en la que se tiene averiguada por el dicho Comisario, de las indecencias que los Indios, e indias, en muchas Iglesias de las Visitas de las Doctrinas donde no asisten los Ministros, hacen haciendo ferias de compras, y ventas, a modo de Tiangues, a deshoras de la noche, en las Iglesias, y Simenterios, y sin luz.

Y así mismo se reconoce tener algunos lugares diputados fuera de los Pueblos, para sus idolatrías, pues en un puesto media legua del Pueblo de S. Iuan de la dicha Doctrina de Zola, llamado en aquella lengua Quijajila, hallaron ruinas de edificios antiguos; y en el un Cue, en que antiguamente sacrificaron los Indios, con sus escalones para subir a él, con señales actuales de carbón, y copale deretido en el suelo: con que se reconoce los actuales, y continuos sacrificios que están haziendo, y que es imposible reduzir a Relación todos los que en otras partes se hacen, y que estas relaciones, solo sirven para, que los Ministros aviven su cuidado, y hagan diligencia para averiguar lo que en sus Doctrinas pasa, principalmente procurando estorvar todas estas materias en la raíz, que son estos falsos, y perversos Dogmatistas, Médicos, Curanderos, Curanderas, y Parteras.

Forma e instrucción

Que se ha de guardar en este Obispado de Oaxaca, por los Vicarios Foráneos, y demás jueces de Comisión. En el modo de proceder contra los Indios, en qualesquiera causas Eclesiásticas que se ofrezcan; especialmente en causas Criminales de Idolatrías, Sortilegios, Hechiserías, Supersticiones, Ritos, y Ceremonias de la Gentilidad; fulminándolas, sustanciándolas y concluyéndolas brevemente, y conforme a derecho.

Adviértase lo primero, que en el modo de corregirlos, más se muestren padres piadosos, que jueces severos, para que así se consiga mejor la enmienda, castigándolos no a todo rigor de derecho, sino benigna, y misericordiosamente: Si ya no es, que la calidad del delicto, o rebeldía del delinquente requiera mayor castigo, para que sirva de ejemplo a los demás. Y por ser gente miserable siempre se procure escusarlos de largas prisiones, y de costas; y si algunas se les llebaren sean las muy precisas.

Lo segundo se advierta, que aunque es opinión de graves Autores, que las causas de los Naturales, por su pobreza, y miseria, se concluyan sumariamente, y de plano, sin atender a las escrupulosas fórmulas del derecho, como lo dice el señor Doctor Solórzano, en su Política Indiana, Lib. 2. fol. 233. colum. 2. lit. H. Apoyando esta doctrina con la de Baldo cons. 465. núm. 2. lib. 1. Franchis decis. 6. cap. 8. núm. 6. y otros, apud Velascum de privilegijs paup. part. I. quaest. 25. núm. 19. Menoch. cap. 27, núm. 40.

El mesmo Doct. Solórzan. fol. 234. colum. I. lit. L. dice, que es sumamente necesario proceder en estas causas en la forma dicha. Y el Padre Thom. Sanch. de matrim. tom. 3. disp. 19. núm. 1. que aunque sean de diborsio, y matrimoniales, no ay necesidad de formar procesos ni escritos, sino que inquirida, y averiguada la verdad, se concluyan brevemente. Y mucho más lentamente lo dice Veracruz, en su especulo 3. part. artíc. 10. per totum.

Y adelante el mesmo Doct. Solorzan. liter. N. concluye tornándolo a encargar, para lo qual trae a la letra unas disposiciones de los consilios Limenses, el 2. part. 1. núm. 120. pág. 32. Y el 3. act. 4. cap. 7. y 8. y dice, que del mesmo sentir es el Padre Acosta, de indoruni salute. cap. 23. y Torquemada, en la Monarchía Indiana, lib. 5. pág. 686. y 734.

Esta forma se podrá observar en las causas leves, y de poca sustancia; pero en las graves, y que fueren de entidad, ya que por no causarles demasiada molestia, se escuse en algo la solemnidad del derecho, porque no queden indefensos, es preciso que se proceda conforme a lo sustancial del, en la forma siguiente.

†

Si el juez procediere de oficio: En llegando a su noticia qualquiera de los delictos arriva dichos, y así mesmo el delinquente que lo cometió: En virtud de la comisión que ha de tener para proceder en estas causas, nombrará Notario, que sea persona suficiente haziendo nombramiento en esta forma:

Nombramiento de notario

«En el Pueblo de tal parte, en tantos días de tal mes, año, N. Vicario foráneo, o juez de comisión, para el conocimiento de tales, y tales causas, por el Ilustrísimo Señor N. Obispo deste Obispado, del Consejo de su Magestad, &c. Digo que para fulminar cierta causa, o causas tocantes a la jurisdicción Eclesiástica, o a mi comisión, tengo necesidad de nombrar

Notario, ante quien pasen todos los autos que se hizieren en ellas, por no averlo en esta jurisdicción.

Y teniendo satisfación de N. Español, vezino, o residente en tal parte, le nombro por tal Notario, y le doy la auctoridad que por derecho puedo, para que a sus escritos se les dé entera fee, judicial, y extrajudicialmente, encargándole el uso del oficio con todo secreto, y legalidad; con que primero lo acete, y haga el juramento en forma. Y estando presente el susodicho, acetó el dicho oficio, y juró en forma de derecho de usarlo bien, y fielmente, a su leal saber, y entender, guardando el secreto que tiene obligación; y lo firmó conmigo el dicho Vicario, o juez. (Firmará el juez, y Notario)».

Después deste nombramiento, hará la cabeza de proceso en la forma siguiente:

Cabeza de proceso

«En el Pueblo de tal parte, en tantos días de tal mes, y año, N. Vicario foráneo, o juez de comisión, para el conocimiento de causas de idolatrías, &c. Dijo, que por quanto a su noticia a llegado, que N. natural, vezino, o residente en tal parte, ha cometido tal delicto (aquí se hará la relación del delicto) lo qual es en grande deservicio de Dios N. Señor.

Y para que tenga el remedio que conviene, mandó hacer averiguación dello, y que los testigos se examinen al tenor deste auto, y fecha se le traiga, para la ver, y proveer justicia. Y así lo proveyó, mandó, y firmó. (Firmará el juez, y Notario)».

Si el juez tuviere solamente noticia del delicto, y no del delinquente, dirá en la cabeza del proceso: «Que por quanto a su noticia ha llegado, que en tal parte se cometió tal delicto, para saber quien lo cometió, y proceder a su castigo, mandó hacer averiguación dello, &c».

Si el juez procediere de pedimento de parte, por denunciación, o acusación, se podrá recevir por auto en la forma siguiente:

Denunciación por auto

«En el Pueblo de tal parte, en tantos días de tal mes y año, ante N. Vicario foráneo, o juez de comisión, para el conocimiento de causas de idolatría, &c. Y ante mi el presente Notario, y testigos infra escritos pareció N. de tal Fiscal de este juzgado, y premisas las solemnidades de derecho, denuncio criminalmente de N. vezino, natural de tal parte.

El qual con poco temor de Dios N. Señor, y en grave daño de su conciencia, y en menosprecio de la justicia Eclesiástica a hecho tal cosa (aquí se hará relación del delicto, y del delinquente, el día, hora, mes, y año, y el lugar donde lo cometió) por lo qual ha incurrido en muchas y graves penas, establecidas por derecho; en que pidió fuese condenado, y que se ejecutasen en su persona, y bienes, para que les sea castigo, y a otros ejemplo:

Ofreció información, y juró en forma esta denunciación, siendo testigos N. N. Y visto por el dicho Vicario, o juez, la admitió, y mando, que el dicho fulano dé la información que ofrece, y dada probeerá justicia; y así lo probeyó, mandó, y firmó. (Fírmelo el juez, y Notario.)»

Modo de formar denunciación, por petición, y auto
proveído a ella

Si la denunciación se hiziere por petición, se podrá formar
conforme a la relación del auto de arriva, desde el nombre
del denunciador, o Fiscal, hasta donde dice, «que jura en forma». Y firmará la petición. Probeerá el juez lo siguiente, a la
petición, poniendo primero la presentación de esta forma:

«En el Pueblo de tal parte, en tantos días de tal mes, y año,
ante N. Vicario foráneo, o juez de comisión, se leyó esta petición, que presentó el contenido. E vista por el dicho Vicario,
la huvo por presentada, y mandó, que dé la información que
ofrece, y así lo proveyó y firmó. (Firmará el juez y notario).»

Hanse de nombrar dos intérpretes, sino es que no se
pueda haber más de uno suficiente

Para examinar los testigos, siendo Indios, y proceder en la
causa hasta su conclusión, se nombrarán dos Intérpretes suficientes en la Lengua vulgar del Pueblo, o en la materna de
los delinquentes, y testigos, dándoles facultad para el uso del
oficio, y encomendándoles la fidelidad, y secreto. Los quales
han de acetar el nombramiento, y jurar en forma, de usar el
oficio fielmente, interpretando verdad. Firmarán si supieren.

Y si no supieren, se pondrá, «que no firmaron por no saber».
(Y lo firmará el juez, y Notario.)

Examen de testigos

Los testigos se examinarán al tenor de la cabeza de proceso,
u de la denunciación, por auto, o por petición, en la manera
siguiente:

«En el Pueblo de tal parte, en tantos días del mes, y año,
para la aberiguación de lo contenido en la cabeza de proceso, o denunciación precedente (si la causa se fulminare por
denunciación) ante N. Vicario foráneo, o juez de comisión,
pareció N. de tal, vezino natural o residente en tal parte (Y si
no lo conociere el Notario diga) pareció un hombre, o muger,
Indio, o India, que mediante los Intérpretes nombrados, dijo
llamarse fulano, y ser natural de tal parte (Y si huviere dos
testigos conocidos del Notario, que lo conozcan dirá) a quien
declararon con juramento conocer, y ser el contenido N. N.
vezinos de tal parte.

Del qual se recivió juramento, y lo hizo en forma de derecho, por Dios Ntro. Señor, y la señal de la Cruz, so cargo
del qual prometió de dezir verdad. Y aviéndole leído, y dado
a entender la dicha cabeza de proceso, o denunciación, mediante los dichos Intérpretes.

Dijo y declaró, que conoce a N. contenido en ella, o de-
nunciado, y lo que sabe es (aquí se pondrá lo que dijere pre-
guntándole cómo, y por qué lo sabe; y si dijere, que lo oyó
dezir, diga, a quién, y quándo, y quién estava presente, y
si dijere que lo vido, declarará quándo, y cómo lo vido: De
manera, que dé razón de lo que depusiere, con distinción, y
claridad).

(Por último se dirá): «Y que lo que dicho tiene es la verdad para el juramento fecho, en que se afirmó, y ratificó, y dijo ser de hedad de tantos años, y que no le tocan las generales (Y si le tocaren se dirá): que aunque le tocan las generales, como son de parentezco, en tal grado, de amistad, o otras dependencias, no por eso deja de dezir verdad. Y lo firmó con el dicho juez, e intérpretes. (Y si no supiere firmar, dirá): «que no firmó por no saber». (Fírmelo el dicho juez, e intérpretes)».

Recevida la sumaria, si de ella resultare culpa, o presunción de derecho, o indicio contra alguna, o algunas personas, ora sea contra el principal delinquente, o sea justamente contra otros cómplices. Vista por el juez proveerá auto mandado, «que se libre mandamiento de prisión, con auxilio de la Real justicia», en la forma, siguiente:

Fórmula de auto

«En el Pueblo de tal parte, en tantos días de tal mes y año, N. Vicario foráneo, o juez de comisión, vista esta sumaria información: dijo que mandava, y mandó, que N. culpado en ella. (Y si ubiere otros cómplices, se dirá): N. N. sea preso, o sean presos, y puestos en la cárcel Real deste Pueblo, o en la Eclesiástica (si la ubiere) (Y si fuere causa muy grave, y estuviere averiguado el delicto, por lo menos con dos testigos contestes, se dirá): Y le sean embargados todos sus bienes, y se depositen en persona abonada, invocando el auxilio del brazo Seglar, hasta que por el dicho Vicario se mande otra cosa. Y para esto se despache mandamiento en forma, y así lo proveyó, mandó, y firmó. (Firmará el juez, y Notario)».

Mandamiento de prisión, con invocación del real
auxilio
Despachárase mandamiento de prisión, con invocación del
Real auxilio, en esta forma:

N. Vicario foráneo, o juez de comisión, para el conocimiento de
causas de idolatrías, &c. Por el presente mando a el Alguacil de
Doctrina desta cabecera, o Pueblo, prendáis a N. natural, o vecino de tal parte, invocando para ello el Real auxilio, y le poned
preso en la cárcel Real, o Eclesiástica (si la ubiere) hasta que por
mí se mande otra cosa, por la causa que contra el susodicho está
fulminada en este juzgado.
Y para que la dicha prisión aya efecto, exorto, y requiero de
parte de nuestra santa Madre Iglesia, y de justicia, al señor N.
alcalde mayor, o Corregidor desta jurisdicción, o su Lugarte-
niente, imparta su auxilio, y brazo Seglar, para que el Governador, o Alcaldes o qualquiera Ministros de justicia de vara, junto
con vos el dicho Alguazil de Doctrina, hagáis la dicha prisión, y
embargo de bienes (si se ubiere de hacer). Fecho en tal parte, en
tantos días del mes y año. (Firmará el juez. Y el Notario firmará
en esta forma.) «Por su mandado» (N. Notario).

Para pedir el Real auxilio, se le hará notorio a la justicia
que lo ha de dar, el título de la commisión en virtud de que
obra el juez Eclesiástico.

Embargo de bienes, con inventario, y depósito
En el Pueblo de tal parte, en tantos días de tal mes y año, ante
mí el presente Notario, y testigos. N. Alguazil de Doctrina,

desta cabecera, o Pueblo: en cumplimiento del auto, y mandamiento de atrás fue a casa del dicho N. y embargó todos los bienes que halló, y parecieron ser suyos, poniéndolos por inventario, en la forma siguiente.

(Aquí se ponga el inventario, y después del se dirá): «Los quales dichos bienes el dicho Alguazil de Doctrina embargó, sacándolos de la dicha casa, y los entregó por inventario a N. vezino de tal parte, en presencia de mí el dicho Notario.

Y el susodicho se dio por entregado de ellos, constituyéndose depositario, y obligándose con su persona, y bienes a tenerlos de manifiesto, hasta que por el dicho Vicario, u otro juez competente, se le mande otra cosa, so las penas en que incurren los depositarios, que no acuden con los depósitos legalmente, con renunciación que hizo de las leyes de su fuero, y jurisdicción, y sometiéndose al Eclesiástico. Y juró en forma de derecho de lo cumplir, y lo otorgó, y firmó (si supiere) siendo testigos N. N.»

Podrásele tomar declaración al reo, antes de tomarle la confesión

Si el depositario fuere Indio, se le dará a entender mediante los Intérpretes, lo contenido en este depósito, y la obligación que tiene.

Presos el delinquente, o delinquentes, y puestos en la cárcel, se procurará, que no se comuniquen unos con otros, teniéndolos a cada uno a parte, y que tampoco se comuniquen con ninguna persona, porque no les aconsejen, que nieguen. Y se les tomará su confesión, con toda brevedad. Y si acaso el juez se recelare de que pueden ser aconsejados de alguno para la negativa, procure luego que se prendan tomarles su declaración a cada uno a parte, y se podrá tomar la declaración al reo antes de su confesión.

Forma de nombrar defensor

Para tomarles su confesión, proveerá auto, en que se les mande que nombre defensor suficiente; y si no lo hizieren, en la primera Audiencia se les nombrará de oficio, por auto, dándole facultad para el uso del oficio, y encargándole la legalidad, y que acete, y jure de usarlo fielmente, a su leal saber, y entender. Acetará el nombrado, jurará y firmará con el juez, y Notario.

Tomárase la confesión a cada uno de por sí, en la forma siguiente:

Forma para tomar la confesión

«En el Pueblo de tal parte, en tantos días de tal mes, y año, ante N. Vicario foráneo, o juez, de comisión, fue traído un Indio, o India, preso en tal cárcel, del qual presente su defensor se le recivió juramento, mediantes los intérpretes, y lo hizo según derecho, por Dios N. Señor, y la señal de la Cruz, so cargo del qual prometió de dezir verdad, y se le preguntó, y dijo lo siguiente, mediante los dichos intérpretes, preguntado cómo se llama, de donde es natural, o vezino, qué oficio, o hedad tiene. Dijo que se llama fulano, que, es natural, o vezino de tal parte, y que tiene tal oficio, y tantos años de hedad».

«Preguntado, &c».

Las demás preguntas se le harán al tenor de la culpa que ubiere resultado de la sumaria, y de su confesión, o se le leerá el dicho de alguno, o algunos de los testigos sumarios,

72

callando el nombre, y sea el más conteste, o contestes, y lo que fuere declarando se asentará por las mismas palabras que lo dijere.

Y si acaso fuere necesario se leerán algunas preguntas sobre lo que ubiere declarado: después de lo qual para concluir la confesión, se dirá. «Y por ahora no se le pregunta otra cosa: lo qual dijo ser verdad, so cargo del juramento fecho, en que se afirmó y ratificó, aviéndosele leído, y dado a entender. Firmolo con el dicho Vicario e Intérpretes. (Y si no supiere firmar, se dirá): «que no firmó por no saber». (Firmará el juez, Intérpretes, y Notario).

Si el juez procediere de oficio, y la causa fuere muy grave, se nombrará Fiscal, aviendo persona suficiente que lo sea. y en el nombramiento se le dará facultad para el uso del oficio, y que lo lacete, jure, y firme. A quien se mandará por auto, dar traslado de la confesión del reo, para que le ponga la acusación. Y aviéndosele dado, se la pondrá en esta forma:

Acusación del fiscal

«N. Fiscal nombrado en la causa que se sigue de oficio: de la justicia Eclesiástica contra N. preso en tal cárcel, premiso lo en derecho necesario, acuso criminalmente al susodicho, de tal, y tal delicto (poniendo día, mes, y año, en que le cometió, y el lugar) conforme a la culpa que contra el resulta de la sumaria información, y de su confesión, de que se me dio traslado: Por lo qual ha incurrido en muchas, y graves penas establecidas por derecho. Por tanto.

«A Vmd. pido, y suplico, declare al dicho reo acusado por perpetrador del dicho delicto, o delictos; y así declarado lo condene en las mayores penas en que ubiere incurrido, las quales se ejecuten en su persona, y bienes, para que les sea castigo, y a otros ejemplo, y pido justicia, y juro a Dios y a la Cruz, que esta acusación es de malicia, y en lo necesario &c». (Firmará el Fiscal.)

El juez mandará dar traslado desta acusación, al reo, y a su defensor, y con lo que respondiere, mandará que se reciva la causa a prueba, con término de nueve días, saluo iure impertinentium. Con todo cargo de publicación, y conclusión. Y que se citen las partes para ver, presentar, jurar, y conocer los testigos.

Si el reo aviendo negado el delicto en su confesión respondiere a la acusación que se le puso, lo hará en la forma siguiente su defensor.

Respuesta a la acusación

«N. en nombre de N. preso en tal cárcel. Respondiendo a la acusación puesta contra mi parte, por fulano Fiscal desta causa, sobre imputarle tal delicto, de que se me dio traslado, su tenor aquí por repetido, y a lo necesario satisfaciendo. Digo que justicia mediante mi parte ha de ser absuelto, y dado por libre della, por lo que hace en su favor general, y siguiente.

«Lo otro, porque la dicha acusación carece de relación verdadera, y que no se podrá probar con verdad del dicho mi parte, por ser buen Christiano, temeroso de Dios y de su conciencia, por tal avido, y tenido: Y así lo niego en todo, y por todo como en ella se contiene, y solo es verdad lo contenido en la confesión, y declaración que tiene fecha, y no otra cosa.

(Prosiguirase en esta petición respondiendo a lo demás que ubiere que alegar, y se concluirá diziendo): «Por todo lo qual, y lo demás que responder aya lugar, y me conviene, que aquí he por expreso, y alegado.

«A Vmd. pido, y suplico, mande absolver, y dar por libre a mi parte, de la dicha acusación, y que sea suelto, de la prisión en que está. Pido justicia, y en lo necesario &c».

Si el reo para descargarse diere información, y ésta se ubiere de hacer por interrogatorios de preguntas, se podrá hordenar en la forma siguiente:

Presentación de interrogatorio

«Los testigos que se presentaren por parte de fulano, preso en tal cárcel, en el pleito criminal que contra el se sigue de oficio de la justicia Eclesiástica, o denunciación, o acusación, por dezir, que cometió tal delicto, y lo más que fuere la causa, dirán al tenor de las preguntas siguientes:

«1. Primeramente sean preguntados por el conocimiento de las partes, y noticia de la causa.

«2. Iten si saben que el dicho N. no cometió el delicto que le imputan: digan por qué y cómo lo saben.

«3. Iten si saben &c. (Aquí se pondrá otra pregunta, o preguntas pertenecientes al descargo del reo, conforme a lo que supieren los testigos que han de ser examinados.)

«4. Iten si saben que el dicho N. es buen Christiano, y de buen vivir, temeroso de Dios y de su conciencia y por tal avido, y tenido, y de quien no se puede entender, ni presumir, que cometiese el dicho delicto.

«5. Iten si saben, que lo dicho es público, y notorio, pública voz, y fama, y la verdad:» (firmará este interrogatorio el defensor).

Examen por interrogatorio
Presentará la parte del reo este interrogatorio, y el juez proveerá auto, admitiéndolo en lo pertinente, saluo justicia, &:
Y mandará que se examinen los testigos a su tenor.

El examen será en esta forma:

Esta información se ha de hacer en el plenario juicio
«En el pueblo de tal parte, &c. Para la información de lo contenido en el Interrogatorio precedente, ante N. Vicario foráneo, o juez de comisión, N. en nombre de su parte, presentó por testigo a N. vecino de tal parte, del qual se recibió juramento, &c. Y siendo preguntado por el dicho Interrogatorio, dijo lo siguiente:

«1. A la primera pregunta dijo, &c. (Aquí se pondrá lo que dijere. Después desta pregunta se pondrán las preguntas generales de la ley, en esta forma):

A las preguntas generales de la ley, dijo ser de hedad de tantos años, y que no le tocan. Y si le tocaren dirá, que aunque le tocan no por eso deja de dezir verdad.

«2. A la segunda pregunta dijo, &c.

«3. A la tercera pregunta dijo &c.

«4. A la quarta pregunta dijo &c.

«5. A la quinta pregunta dijo, que todo lo que dicho tiene, es público, y notorio, pública voz, y fama, y la verdad para el juramento fecho, en que se afirmó, y ratificó. Si se ubieren examinado con intérpretes, dirá: haviéndosele dado, a entender mediante los dichos intérpretes, y lo firmó (si supiere) con el dicho vicario, e intérpretes».

Si la causa no fuere muy grave, o no ubiere persona suficiente a quien nombrar por Fiscal, el juez de oficio, con vista de autos, hará culpa, y cargo al reo, y recivirá la causa a prueba en la forma siguiente:

Auto de culpa, y cargo, y en que se recibe, la causa a
prueba con termino de nueve días

«En el pueblo de tal parte, en tantos días de tal mes, y año N. de tal, Vicario foráneo, o juez de comisión. Vistos estos autos, dijo que hazía, e hizo culpa, y cargo, a N. reo preso en tal cárcel, por tal delicto que cometió, conforme a lo que resulta de la sumaria información, y de su confesión. Y mandava, y mandó, que se le dé traslado della, para lo qual se notifique este auto, y con lo que respondiere se recibió esta causa a prueba, con término de nueve días comunes a las partes, salvo iure impertinentium, &c. y con todo cargo de publicación, y conclusión, y que se cite la parte del dicho reo, para ver, Jurar, y conocer los testigos que se examinaren contra él. Y así lo proveyó, mandó, y firmó». (Firmará el juez, y Notario).

Este auto se notificará al reo, y se citará en forma.

Adviertase, que se dice, que se reciva la causa a prueba, con término de nueve días, por ser el más común, y corriente, que si al juez le pareciere convenir, lo podrá abreviar, siendo necesario, y especialmente aviendo confesado el reo absolutamente el delicto por que la causa se concluya brevemente.

Este término se podrá prorrogar dos veces, si la prorrogación se pidiere por parte del reo, y si se pidiere por parte del acusador, una vez, y siempre será común a ambas partes, porque siempre lo es el término de prueba.

77

En este término se ratificarán los testigos sumarios, leyéndoles sus dichos, y dandóselos a entender en la forma siguiente:

Rectificación

«En el pueblo de tal parte, en tantos días de tal mes, y año, ante N. de tal, Vicario foráneo, o juez de comisión, pareció N. de tal, vezino de tal parte, llamado para que se ratifique (esto es si no ubiere Fiscal en la causa, porque entonces es obligación del juez hacer llamar a los testigos sumarios, para que se ratifiquen; pero si se siguiere con el Fiscal, es de un oficio el traherlos) en un dicho que dijo ante el dicho Vicario, en tantos días de tal mes, y año, en la causa que se sigue de oficio, contra fulano preso en tal cárcel, del qual se recibió juramento, y lo hizo en forma de derecho, por Dios Ntro. Señor, y la señal de la Cruz, so cargo del qual prometió de dezir verdad, y aviéndole leído el dicho de verbo ad verbum, y dádoselo a entender mediante los intérpretes.

Dijo que como en él se contiene así lo dijo, y declaró. (Y si tuviere otra cosa más que declarar lo podrá hacer aquí) y en ello se afirma y ratifica, siendo necesario lo buelve a dezir de nuevo, por ser la verdad, para el juramento fecho. Y dijo ser de hedad de tantos años y que no le tocan las generales, y lo firmó con el dicho juez, e intérpretes. (Y si no supiere firmar, se dirá): que no firma por no saber».

En el término de prueba, se podrá ampliar la aberiguación contra el reo, si ubiere más testigos que examinar. Y a la parte del reo asimismo se le recibirá la información que diere en su descargo, y las tachas que pusiere a los testigos, y la prueba dellas, si la diere, y la información de abono de los que ubiere presentado en su favor, si quisiera darla.

Si el reo renunciare los términos de prueba, y la causa fuere tal que en la sentencia le pueda venir pena corporal, sin
embargo de la renunciación, dejelos correr el juez hasta que
se concluyan; pero si fuere causa que no le puede venir pena
corporal en la sentencia, admita la renunciación, y concluya
brevemente.

Pide autos el juez

Concluso el término de prueba, y los demás que se ubieren
prorrogado, a petición de las partes, pedirá el juez los autos
(si procediere de oficio) y si procediere con Fiscal, o denunciador, pedirá uno de las partes conclusión de la causa, y
mandará, el juez, por auto, citar a la otra, y hecha la citación,
y vistos, dará la causa por conclusa definitivamente en esta
forma:

Concluye definitivamente

«En el pueblo de tal parte, en tantos días de tal mes, y año,
N. de tal, Vicario foráneo, o juez de comisión, vista esta causa, dijo, que la avía, y ubo por conclusa definitivamente, y
para la ver, y determinar conforme a derecho, mandó que se
le llebe el proceso, y se citen las partes para sentencia. Y así
lo proveyó, y firmó». (firme el juez y Notario).

Si el juez no tuviere jurisdicción para sentenciar, dirá en
el auto de arriva, que remite la causa al Illustrísimo Señor
N. Obispo deste Obispado, y en su ausencia a quien ubieren
dado jurisdicción para sentenciar esta especie de causas.

Si tuviere jurisdicción para sentenciar, podrá hacerlo por
auto difinitivo, o por sentencia formal.

Si determinare la causa por auto difinitivo, la hará en la forma siguiente:

Auto definitivo
«En el pueblo de tal parte, en tantos días de tal mes, y año, N. Vicario foráneo, o juez de comisión por el Illustrísimo Señor, N. Obispo deste Obispado. Vistos estos autos, y causa criminal, fulminada de oficio de la justicia Eclesiástica (esto es si fuere de oficio. Y si fuere de denunciación, o acusación dirá) de denunciación, o acusación de N. Fiscal nombrado en ella, contra fulano, reo natural, o vezino de tal parte:

Sobre haber cometido tal delicto (aquí se liará relación del delicto) en que está confeso, y convicto y ha pedido misericordia. Dijo que usando della lo devía condenar, y condenava en tales penas (aquí se expresarán las penas) que se ejecuten en esta forma (y aquí la forma de ejecutarlas).

Y mandava, que se le dé a entender la gravedad del dicho delicto (y si fuere herror contra nuestra Santa Fe Católica) que (o) lo adjure, y deteste formalmente, y sea absuelto del, con la devida solemnidad, y la demás pena la remite de benignidad y misericordia.

La qual irremisiblemente se ejecutará en el susodicho en caso de reincidencia, y reveldía; y más lo condena en las costas deste proceso, cuya tasación en si reserva. Y así lo proveyó, mandó, y firmó». (Firmará este auto el juez, y notario).

Si el reo ubiere negado el delicto, y por la prueba estuviere convencido, se dirá en el auto definitivo «que está convicto, negativo, y rebelde, y que lo debe de condenar, y condena en tal, y tal pena, que se ejecute en tal forma; y en caso de reincidencia, se le apercibe que será castigado con todo el rigor de derecho.

Si la causa se determinare por sentencia formal, la hordenará en la forma siguiente:

Sentencia definitiva condenando
«En el pleito, y causa criminal, que se ha seguido de oficio de la justicia Eclesiástica (Si fuere de oficio. Y si fuere de denunciación, dirá) de denunciación de N. Fiscal nombrado contra N. reo, preso en tal cárcel, por tal delicto, y lo que más es la causa en que está convicto, y confeso, y ha pedido misericordia.

Fallo atento a los autos, y méritos del proceso, que por la culpa que contra el dicho N. resulta, usando de misericordia, lo debo de condenar, y condeno en tales penas, que se ejecuten en esta forma (Y si el delicto fuere error contra nuestra S. Fe Católica) se dirá: Y en que adjure, y deteste el error públicamente, y después sea absuelto en la devida forma, y mando se le notifique, no buelva a reincidir en él, pena de que será castigado como relapso, con el rigor establecido en derecho. Y por esta mi sentencia difinitiva juzgando así lo pronuncio, y mando, con costas; cuya tasación en mi reservo». (Y lo firmará el juez solo esta sentencia).

Si el delicto no estuviere plenamente probado, sentenciará en esta forma:

Sentencia definitiva, absolviendo de la instancia y
sentencia definitiva, absolviendo, y dando por libre del
todo
«Visto el proceso, &c. Fallo, que debo absolver, y absuelvo, a N. contenido en él, preso en tal cárcel, de la instancia deste juicio, o de la acusación contra el puesta por N. Fiscal en

esta causa. Y por esta mi sentencia difinitiva juzgando así lo pronuncio, y mando».

Si el reo se ubiere descargado intotum del delicto que se le ha acomulado, dirá en la sentencia, que le absuelve de la instancia de este juicio, y le da por libre en el modo, sin costas.

Dada la sentencia y firmada del juez la pronunciará en audiencia pública, en presencia de dos, o tres testigos, y con fee de Notario, que firmará la pronunciación.

Notificárasele al reo, en su persona, presente su defensor, mediante dos Intérpretes, y en presencia de dos testigos. Si la consintiere, se mandará ejecutar. Si la apelare para el Señor Obispo, se le otorgará la apelación, dándole el término conforme a la distancia que ubiere del lugar a la parte donde estuviere su Illustrísima y el apelante sacará de los autos testimonio dentro del término que señalare el juez, y sino lo señalare, pedirá el testimonio dentro de treinta días de la notificación de la sentencia, y sino lo hiziere queda la apelación desierta.

Y en el testimonio que se le diere del proceso, se pondrá por cabeza una copia del título, y comisión en virtud de que obra el juez.

Si respondiere, que la ove, asentará el Notario su respuesta, y que lo firme, si supiere. Y luego le hará saber, mediante los Intérpretes, que tiene diez días de término para apelar, y que en pasándose, sino ubiere apelado, se ha de ejecutar la sentencia. Y aviéndoselo hecho saber, lo certificará al pie de la notificación.

Declara la sentencia por pasada
Si pasados los diez días no ubiere apelado, se pedirán autos
por el juez, y declarará la sentencia por pasada en autoridad
de cosa juzgada, y la mandará ejecutar.

Si el reo ubiere confesado judicialmente el delicto, aviendo precedido a esta confesión alguna prueba del indicio, o,
presunción de derecho, y la sentencia que se ubiere dado contra el tal reo, fuere piadosa, y sin el rigor establecido por
derecho, o leyes deste Reino, para el castigo de semejantes
delictos, se podrá ejecutar la tal sentencia, sin embargo de
apelación.

Adviértase por último, que si se apelare de algún auto, o
sentencia interlocatoria, no se otorgue la apelación, sino es
que la tal sentencia, o auto tenga fuera de difinitiva, o con-
tenga gravamen irreparable por la difinitiva Concil. Trident.
ses. 24 Cap. 20.

Por Bula de Gregorio XIII, ganada a instancia de la Magestad Católica del Rey Felipe II, se concede absolutamente a los
Señores Arzobispos, y Obispos de las Indias, y a las personas
a quien dieren su facultad, que puedan absolver en ambos
fueros, a cualesquier Indios hombres o mugeres de los casos contenidos en la Bulla in Coena Domini, aunque sean
heregías, o idolatrías, o otros casos reservados, poniéndoles
penitencia saludable, según la calidad de la culpa, patet ex li-
teris Apostolicis; quae referuntur in summario privilegiorum
ipsorum Indorum aprobato a cons. Provinciali Limensi anni

1583. ita aserit D. D. Felicianus de Vega in suis relectionibus canonic. tit. de indicis cap. 4 p. de adulterijs num. 157.

Y para que los jueces Eclesiásticos, que se nombraren en este Obispado para el conocimiento de causas de idolatrías, y supersticiones de Indios, quando los tales, o alguno dellos se acusare voluntariamente de los herrores, que ubieren cometido, concluyan estas causas breve, y sumariamente (menos las que fueren de Maestros, y Dogmatistas) se guardará la forma que trae Augustín de Barbosa, en el primer tomo de offic. &c. potest. Episcop. 2. p. alegat, 40 num. 35. tratando de los Señores Obispos, que tuvieren facultad de la Sede Apostólica, para absolver destos herrores, en ambos fueros, que es la siguiente:

Los Señores Obispos, o sus Vicarios, y Oficiales, y otras cualesquier personas, que diputaren, deben guardar la práctica, y modo siguiente, en recevir a los hereges, o cismáticos en aquellos lugares, o Dioeceses, en las quales por la muchedumbre de los tales delinquentes, o no se puede guardar la forma del derecho, o no conviene que se guarde. El que viniere a acusarse de heregía, o cisma, o otros delictos cometidos contra la Fe Católica, ante el Obispo, o otras personas, que para esto ubiere deputado, contará sus culpas de palabra, o por escrito ante el mesmo Obispo, o sus deputados, estando presente el Notario, o Escrivano, y en presencia de dos, o tres testigos los declarará, jurará de dezir verdad, será preguntado de muchas circunstancias, de la creencia, del tiempo que permaneció en el herror y de las demás cosas que pertenecen a la seguridad de su conciencia: si fuere necesario se le dice que explique todos sus herrores enteramente, y con confianza, que no terna de descubrir la llaga, para recevir en ella copiosa, y saludable medicina: amonestárasele quan gravemente ha herrado, dejando la Iglesia Católica Romana, menospreciando su doctrina, y apartándose de su verdadero, y recto camino, la qual desea instantemente su salud.

Después que se le ubiere recebido la confesión en juicio, en esta forma, en particular audiencia del Obispo, o de su Vicario, o en otra qualquier parte que se ubiere determinado elegir, entonces el Obispo, o los deputados, mandarán, que el penitente hincado de rodillas delante del libro de los Evangelios, deteste, y adjure las heregías, y errores que ha confesado:

Hecha esta detestación, y prometiendo, que jamás dejará la Iglesia Católica Romana, el Obispo, o sus deputados, absolverán al penitente en la forma que acostumbra la Iglesia poniéndole penitencias saludables:

El Notario hará patentes letras, o público instrumento de todo el acto, que firmará el Obispo, o el que ubiere deputado, que impuso la penitencia al converso, y confitente; y este instrumento se le dará al reo absuelto, para que conste que se reconcilió al gremio de la Iglesia, y hizo penitencia. Después que el reo estuviere absuelto de las censuras en el fuero exterior, en la forma dicha (será absuelto por confesores aprobados, en el penitencial). Hasta aquí Barbosa.

Adviértase, que bastará darle testimonio al reo del instrumento, quedando el original en el Archivo.

Ésta es la forma que se podrá guardar en recebir las acusaciones de los que voluntariamente vinieren a pedir misericordia, y en concluirles sumariamente sus causas, absolviéndolos con la devida solemnidad. EL OBISPO DE OAXACA. Ante mí, don Toribio Díez Quintanilla, Secretario.

Libros a la carta

A la carta es un servicio especializado para
empresas,
librerías,
bibliotecas,
editoriales
y centros de enseñanza;
y permite confeccionar libros que, por su formato y concepción, sirven a los propósitos más específicos de estas instituciones.

Las empresas nos encargan ediciones personalizadas para marketing editorial o para regalos institucionales. Y los interesados solicitan, a título personal, ediciones antiguas, o no disponibles en el mercado; y las acompañan con notas y comentarios críticos.

Las ediciones tienen como apoyo un libro de estilo con todo tipo de referencias sobre los criterios de tratamiento tipográfico aplicados a nuestros libros que puede ser consultado en Linkgua-ediciones.com.

Linkgua edita por encargo diferentes versiones de una misma obra con distintos tratamientos ortotipográficos (actualizaciones de carácter divulgativo de un clásico, o versiones estrictamente fieles a la edición original de referencia).

Este servicio de ediciones a la carta le permitirá, si usted se dedica a la enseñanza, tener una forma de hacer pública su interpretación de un texto y, sobre una versión digitalizada «base», usted podrá introducir interpretaciones del texto fuente. Es un tópico que los profesores denuncien en clase los desmanes de una edición, o vayan comentando errores de interpretación de un texto y esta es una solución útil a esa necesidad del mundo académico.

Asimismo publicamos de manera sistemática, en un mismo catálogo, tesis doctorales y actas de congresos académicos, que son distribuidas a través de nuestra Web.

El servicio de «Libros a la carta» funciona de dos formas.

1. Tenemos un fondo de libros digitalizados que usted puede personalizar en tiradas de al menos cinco ejemplares. Estas personalizaciones pueden ser de todo tipo: añadir notas de clase para uso de un grupo de estudiantes, introducir logos corporativos para uso con fines de marketing empresarial, etc. etc.

2. Buscamos libros descatalogados de otras editoriales y los reeditamos en tiradas cortas a petición de un cliente.